Hesse/Schrader

Bewerbungsunterlagen erstellen für Hochschulabsolventen

Über 20 Erfolgsbeispiele

Musterbewerbungen zum Bearbeiten
download

STARK

Die Autoren

Jürgen Hesse, geboren 1951, geschäftsführender Diplom-Psychologe im Büro für Berufsstrategie, Berlin.

Hans Christian Schrader, geboren 1952, Diplom-Psychologe in Baden-Württemberg.

Anschrift der Autoren

Hesse / Schrader
Büro für Berufsstrategie
Oranienburger Straße 4 – 5
10178 Berlin
Tel. 030 28 88 57-0
Fax 030 28 88 57-36
www.hesseschrader.com

Zusätzlich zu diesem Buch erhalten Sie folgenden **Online Content**, den Sie nutzen können, um Ihre eigenen Bewerbungsunterlagen schneller und einfacher zu erstellen:

Alle Bewerbungsunterlagen aus diesem Buch (mehr als 20 Beispiele) zum Herunterladen und Bearbeiten (RTF-Format)

Um den Online Content nutzen zu können, folgen Sie den Anweisungen auf der Seite www.berufundkarriere.de/onlinecontent und benutzen Sie den Freischaltcode: **Bewerbungsunterlagen_young_professionals**

Verlag und Autoren bedanken sich bei den auf den Bewerberfotos abgebildeten Personen und bei den Fotografen Katy Otto, Regine Peter und Antonius.

Umschlagbild: @shuoshu – Getty Images

ISBN 978-3-8490-2090-3

© 2017 Stark Verlag GmbH
www.berufundkarriere.de

Das Werk und alle seine Bestandteile sind urheberrechtlich geschützt. Jede vollständige oder teilweise Vervielfältigung, Verbreitung und Veröffentlichung bedarf der ausdrücklichen Genehmigung des Verlages. Dies gilt insbesondere für Vervielfältigungen, Mikroverfilmungen sowie die Speicherung und Verarbeitung in elektronischen Systemen.

Inhalt

Überzeugende Bewerbungsunterlagen 4

Basics für das Erstellen von überzeugenden Bewerbungsunterlagen 5

Kommentierte Bewerbungsunterlagen 12

Erst Flop, dann top: Vorher-Nachher-Beispiel 13
- Trainerin Sozialbereich (Psychologin) 14

Gesellschafts- und Geisteswissenschaften 23
- Marketingreferentin (Kauffrau, Politikwissenschaftlerin) 24
- Pädagogische Mitarbeiterin Ganztagsschule (Pädagogin) 32
- Wissenschaftliche Mitarbeiterin (Politikwissenschaftlerin) 39
- Grafikdesignerin 43
- PR-Assistentin (Gesellschafts- und Kommunikationswissenschaftlerin), *Kurzprofil, Bewerbungsflyer* 48
- Mitarbeiterin für den Präventionsfachdienst (Public Health) 53
- Consultant (Germanistin) 61
- Volljuristin 67

Wirtschaftswissenschaften 73
- Trainee Marketing/Vertrieb (BWL) 74
- Organisationsentwickler (BWL), *inklusive Kurzbewerbung, Profilcard* 79
- Personalführung (BWL), *Initiativbewerbung in Kurzform* 88
- Projektmanager IT (MBA), *Initiativbewerbung in Kurzform* 91

Medizin, Natur- und Ingenieurwissenschaften 93
- Bereichsassistent Experimentalphysik (Physiker) 94
- Trainee (Biochemiker) 100
- Assistenzärztin (Medizinerin) 105
- Kriminaltechnikerin (Chemikerin), *Kurzbewerbung* 111
- Konstruktionsingenieur in der Produktentwicklung (Maschinenbau-Ingenieur) 115
- Junior Referent technische Projektentwicklung (Elektrotechnik-Ingenieur) 120
- Praktikant Biometrics/Data management (Informatiker), *englische Bewerbung, Kurzbewerbung* 125
- Berufspraktikant in der IT-Entwicklung (Informatiker) 128
- Computational engineer (Informatikerin/Mathematikerin) 132

18 Lektionen

1. Darauf kommt es jetzt wirklich an 38
2. Ihr Bewusstsein ist von entscheidender Bedeutung 42
3. Genau das zählt: Ihre Botschaft, Ihr Angebot, Ihre Motivation 47
4. Herausforderungen, Verdienste, Erfolge 52
5. Ein guter Leitfaden für die Erstellung Ihrer Unterlagen 59
6. Die wichtigsten Bausteine Ihrer schriftlichen Bewerbung 65
7. Wichtig: der rote Faden 66
8. Ihr Foto hat eine enorm wichtige Weichen stellende Bedeutung 86
9. Aufmerksamkeit steigern 90
10. Ausdauer ist absolut wichtig für Ihr Bewerbungsvorhaben 92
11. Klarer Trend zur E-Bewerbung 104
12. Greifen Sie unbedingt vor der Bewerbung zum Telefon 110
13. Setzen Sie (auch) auf Initiativbewerbungen 114
14. Wie Sie Stellenanzeigen richtig einschätzen 118
15. Unbedingt nachfassen 124
16. Was Sie über Business Communitys wissen sollten 126
17. Vermeiden Sie die fünf häufigsten Bewerbungsfehler 131
18. Zu guter Letzt: alles auf den Punkt gebracht 135

Überzeugende Bewerbungsunterlagen

Alle Bewerbungen haben grundsätzlich ein großes Ziel: Sie müssen Interesse wecken, im besten Fall Neugier auslösen. Nur eins dürfen sie nicht: langweilen. Erfolgreiche Bewerbungen leben von einem stabilen Fundament und einem kleinen Tick Andersartigkeit. Das Fundament bildet ein sorgfältig getexteter, gut gestylter Lebenslauf mit klaren Botschaften und einem sympathischen Foto. Ein auf den Punkt gebrachtes Anschreiben hilft, darf aber in seiner Funktion nicht überschätzt werden.

Ohne hervorragende, beeindruckende Bewerbungsunterlagen haben Sie kaum eine Chance auf ein Vorstellungsgespräch und damit auf den Job. In der Regel entscheiden Ihre schriftlichen Unterlagen, ob sich auf Arbeitgeber- und Auswählerseite Interesse an Ihnen als Bewerber entwickelt. In der Konsequenz verbindet sich das dann mit dem Wunsch, Sie persönlich kennenzulernen.

Wie wichtig so eine Einladung zum Vorstellungsgespräch für Sie sein kann, brauchen wir wohl kaum weiter auszuführen. Somit ist der Wunsch eines jeden Bewerbers verständlich, exzellent gestaltete Unterlagen einzureichen, um auf sich aufmerksam zu machen. Geradezu unverständlich ist jedoch, mit wie wenig Engagement und Kreativität sich heutzutage viele Kandidaten auf dem schriftlichen Wege mit und in ihren Bewerbungsunterlagen präsentieren.

Da spuken wohl bei den meisten Hochschulabsolventen vor Jahren im Deutschunterricht gelernte und verinnerlichte Standards in den Köpfen herum. Dies führt dazu, dass Personalentscheider sich mit etwa 90 Prozent aller eingesandten Bewerbungsunterlagen gar nicht erst beschäftigen, sondern diese gleich aussortieren. Genau an diesem Punkt setzt dieses Buch an. Es zeigt vor allem durch die ausgewählten Beispiele interessant gestalteter Bewerbungsunterlagen, welche Vielfalt an beeindruckenden kreativen Möglichkeiten Ihnen bei der schriftlichen Selbstdarstellung zur Verfügung steht. Gleichwohl haben wir darauf geachtet, hier keine übertrieben grafisch aufbereiteten Designs anzubieten, denen man sofort anmerkt, dass sie nicht von Ihnen, sondern von einem professionellen Grafiker erstellt wurden. Sie sollten bei der Erstellung Ihrer schriftlichen Bewerbung darauf achten, dass nicht der Verdacht entsteht, Ihre Bewerbungsunterlagen wären von einem professionellen Dienstleister erstellt.

Eine Bewerbung optimal zu gestalten kostet Zeit. Rechnen Sie mit 10 bis 20 Stunden Arbeitszeit für Ihre erste Version überzeugender Unterlagen. Bei weiteren Bewerbungen können Sie dann schon von Ihren Vorerfahrungen profitieren und müssen deutlich weniger Zeit investieren.

In unseren *Büros für Berufsstrategie* beraten und unterstützen wir täglich Bewerber in ihren Bemühungen, einen adäquaten Arbeitsplatz zu »erobern«. In den hier gezeigten Bewerbungsbeispielen greifen wir auf unsere Erfahrungen mit unseren Klienten zurück. Dabei wurden alle Namen, Daten und Fakten so verändert, dass Ähnlichkeiten mit real existierenden Personen rein zufällig wären.

Als Online Content stellen wir Ihnen alle Bewerbungsbeispiele aus diesem Buch zur Verfügung, die Sie bearbeiten und mit Ihren eigenen Daten überschreiben können. Folgen Sie den Anweisungen auf *www.berufundkarriere.de/onlinecontent*.

Und jetzt wünschen wir Ihnen gutes Gelingen!

Basics für das Erstellen von überzeugenden Bewerbungsunterlagen

In komprimierter Form möchten wir Ihnen an dieser Stelle zeigen, wie eine schriftliche Bewerbung aufgebaut ist und wie Sie vorgehen sollten.
Ihre vollständigen Unterlagen bestehen aus:
- Anschreiben
- Lebenslauf
- Foto
- Zeugnissen (Schul-, Ausbildungs-, Studien-, Praktikums- und ggf. Arbeitszeugnissen)
- Bescheinigungen und Zertifikaten (z. B. Qualifikationen, Weiterbildungen)
- Arbeitsproben, Referenzen o. Ä.

Der Lebenslauf (Curriculum Vitae)

Der Lebenslauf (CV) dokumentiert Ihren **beruflichen Werdegang**. Er ist das Kernstück Ihrer Bewerbung und stellt die wichtigsten Informationen und Argumente dar, die für Sie sprechen und Ihnen zu einer Einladung zum Vorstellungsgespräch verhelfen. Machen Sie dem Empfänger (aber auch sich selbst) deutlich, dass Sie aufgrund Ihrer fachlichen **K**ompetenz, Ihrer **L**eistungsfähigkeit und Ihrer **P**ersönlichkeit (die KLP-Formel) für den angebotenen Arbeitsplatz die ideale Besetzung sind.

Arbeitgeber erwarten den Lebenslauf in **tabellarischer Form** und per PC-Textverarbeitung geschrieben. In der Regel umfasst er zwei bis drei Seiten, in Ausnahmefällen auch mehr, ohne hier Deckblatt und Anlagenverzeichnis mitzuzählen.

In diesem Buch sehen Sie in den beispielhaften Lebensläufen die wichtigsten Punkte, die in den Lebenslauf gehören. In Ihrem persönlichen Lebenslauf sollten Sie diese Punkte berücksichtigen.

Gliederung

Sie können Ihren Lebenslauf unterschiedlich gliedern. Die übliche Form ist die **chronologische Variante**: Sie nennen die Eckdaten der Zeitenfolge nach. Dabei ist es für den Leser übersichtlicher, wenn Sie mit der **heutigen Situation beginnen** und auf der Zeitachse zurückgehen (umgekehrt chronologischer Aufbau).

Eine zweite Variante, der funktionale Lebenslauf, arbeitet mit Oberbegriffen. Sie gliedern Ihre Entwicklung nach Themenschwerpunkten, z. B. Schulbildung, Studium / Ausbildung, Berufstätigkeit, Auslandsaufenthalte und besondere Kenntnisse. Diese Form bietet sich besonders an, wenn Sie keinen stringenten Lebenslauf vorweisen können. So können Sie auch » Lücken « im Lebenslauf geschickt kaschieren.

Foto

Die Wirkungskraft von Fotos ist größer als die jedes noch so guten Textes. Das gilt auch für Ihre Bewerbung. Ein Personalentscheider wird sich beim Betrachten Ihres Fotos in Sekundenschnelle ein Urteil bilden: Sympathisch oder unsympathisch? Mürrisch oder freundlich? Offen oder verschlossen? Unsere Empfehlung: Investieren Sie in einen **professionellen Fotografen**, lassen Sie eine **Serie aussagekräftiger, sympathischer Fotos** von sich machen und wählen Sie dann die besten aus.

Deckblatt, Dritte Seite und Anlagenverzeichnis

Ein Deckblatt, das Ihren Unterlagen vorangestellt ist, wirkt strukturierend und kann Ihre Bewerbung aufwerten. Die Gestaltungsvarianten sind dabei vielfältig. In diesem Buch können Sie sich von verschiedenen Varianten inspirieren lassen. So können Sie hier schon Ihr Foto oder Ihre ersten Daten (Name, Beruf, Adresse) präsentieren.

Die Dritte Seite – das besondere Etwas: Wenn Sie diese hinter dem Anschreiben und dem Lebenslauf platzieren, heben Sie sich von der Masse der Bewerber ab. Voraussetzung: Sie ist wirklich gut getextet! Hier transportieren Sie in wenigen Sätzen die entscheidenden Argumente, warum Sie als Bewerber in die engere Auswahl gehören. An dieser Stelle können Sie persönlicher formulieren, in dem Tenor » Was Sie sonst noch von mir wissen sollten … « oder schlicht » Meine Motivation «. Ein Anlagenverzeichnis ermöglicht dem Leser einen schnellen Überblick.

Deckblatt, Dritte Seite und Anlagenverzeichnis sind jedoch kein MUSS! Insbesondere eine Dritte Seite kann, wenn sie nicht gut formuliert ist, mehr schaden als nützen.

Profil

Was genau ist ein Bewerberprofil? Ihrem Profil kommt eine ähnlich wichtige Bedeutung zu wie Ihrem Lebenslauf. Es hat die spezielle Funktion, Ihr besonderes **Nutzenangebot**, Ihren **USP** (Alleinstellungsmerkmal, das Sie positiv von anderen Bewerbern unterscheidet), kurz und knapp sowie Ihre **Problemlösungsfähigkeit** überzeugend zu vermitteln.

Im Unterschied zum Lebenslauf ist das Profil eine **komprimierte Darstellung der wichtigsten Merkmale Ihres Mitarbeitsangebotes**, unabhängig von vergangenen Zeiträumen und ehemaligen Auftrags- und Arbeitgebern. Das leistet Ihr Lebenslauf auch, aber in deutlich anderer Form: Darin stellen Sie alle Ihre Ausbildungs- und beruflichen Stationen (Praktika und Nebenjobs) dar. Bei beiden geht es um den Nachweis Ihrer speziellen **K**ompetenz, hohen **L**eistungsmotivation und besonderen **P**ersönlichkeit (KLP). Ihr Profil soll vor allem in ganz kurzer Form Auskunft darüber geben, was Sie aktuell leisten und auch schon geleistet haben, um einen Personalentscheider sicherer abschätzen zu lassen, ob er Ihnen die neue Aufgabe zutrauen kann. Ein gutes Profil, das Sie auch ohne weitere Anlagen, nur mit einem kurzen Anschreiben, verschicken können, kann Ihnen wesentlich dabei helfen, im Bewerbungsprozess weiterzukommen.

Inhalt: Ihr Profil bildet die wichtigsten »Marker« ab, die erkennen lassen, dass Sie für die zu besetzende Position, die anstehenden Probleme, Aufgaben etc. die richtige, bestgeeignete Person sind.

Ihr Profil sollte also sehr genau auf die Position oder die Art der Problemlösungen, für die Sie sich bewerben, ausgerichtet sein.

Umfang: Alles, was Sie für diese Aufgaben besonders qualifiziert und interessant macht, muss »zu Papier« gebracht werden. Alles andere lassen Sie weg. Auch an dieser Auswahl erkennt man, mit wem man es zu tun hat. Ihr Profil sollte deshalb nicht länger als eine, maximal zwei Seiten sein. Weniger ist oft mehr. Ein zu großer Umfang kann auch ein Zeichen von Schwäche/Unsicherheit sein.

Form: Für Ihr Profil gelten die gleichen Layoutregeln wie für den Lebenslauf – Sie sollten also auch hier auf Ästhetik achten. Unter der Überschrift »Profil« folgen zwei Spalten: links die Überschriften, rechts die dazu passenden Inhalte. Übrigens ist es nicht üblich, das Profil zu unterschreiben.

Die folgenden Punkte sind eine Anregung, es gibt keine feststehenden Regeln, nach denen sich Ihr Profil aufbaut:

Ausgewählte Themen-, Überschriftenvorschläge, die Ihr (Angebots-)Profil abbilden

- Vor- und Zuname, Geburtsdatum/Ort
- Berufsbezeichnung
- Kontaktdaten (nur die wichtigsten)
- Ausbildungshintergrund
- Schwerpunktkenntnisse und Erfahrungen (das ist sehr wichtig!)
- durchgeführte Projekte und erzielte Erfolge
- ggf. berufliche Auslandsaufenthalte
- Weiterbildung und Seminare
- ggf. Mitgliedschaften in Verbänden und Fachgremien
- Engagement, Interessen, Hobbys
- Sprachkenntnisse
- IT-Kenntnisse
- Führerscheine/Lizenzen
- ggf. Veröffentlichungen, Vorträge
- ggf. Lehr- und/oder Prüfungs- und/oder Gutachtertätigkeit

Das Anschreiben – Ihr persönlicher Empfehlungsbrief

Betreffzeile, Anrede und erste Sätze sind von Bedeutung. Texten Sie kreativ und heben Sie sich wohltuend von der Konkurrenz ab. So erregen Sie die Aufmerksamkeit des Personalers. Vergessen Sie dabei nicht: **In der Kürze liegt die Würze.** Der Personalentscheider hat keine Zeit, Romane zu lesen. Beschränken Sie sich auf etwa acht bis maximal vierzehn Sätze, die aber nicht zu verschachtelt sein sollten.

Gliederung

Empfänger: Sprechen Sie den Empfänger des Anschreibens möglichst persönlich mit Namen an, nicht mit »Sehr geehrte Damen und Herren«. Fragen Sie ggf. telefonisch nach, wer der richtige Ansprechpartner ist.

Einleitung: Hier stellen Sie dar, warum Sie an der Position interessiert sind. Bauen Sie dafür einen direkten Bezug zum Unternehmen, zu Aufgaben und Position auf. Einige Formulierungsbeispiele:

- »Sie sind ein Unternehmen, das ..., und ich habe ... zu bieten.«

- » Für das freundliche und aufschlussreiche Telefonat möchte ich mich sehr herzlich bei Ihnen bedanken. Es hat mich darin bestärkt, mich für die ausgeschriebene Stelle als ... zu bewerben. «
- » Beim Recherchieren auf Ihrer Homepage bin ich auf Ihre Personalsuche aufmerksam geworden und interessiere mich für eine Mitarbeit als ... bei Ihnen. «

Hauptteil / Personenbeschreibung: Nach der Eröffnung geht es darum, knapp und überzeugend zu argumentieren, dass Sie die oder der Richtige für die zu besetzende Stelle sind. Auf welche Kenntnisse, Fähigkeiten oder Eigenschaften, die z. B. im Anzeigentext gefordert werden, können Sie verweisen? Welche Ausbildung haben Sie und was ist Ihr beruflicher Hintergrund? Wie können Sie Ihre Motivation glaubwürdig zum Ausdruck bringen? Finden Sie eine plausible Antwort auf die Fragen: Warum wollen Sie in besagtem Unternehmen arbeiten? Und warum sollte der Personaler insbesondere Sie einstellen?

Einstiegsmöglichkeiten zu Ihrer Personenbeschreibung:
- » Kurz zu meiner Person ... «
- » Als frisch diplomierte Betriebswirtin (Abschlussnote 2,3) möchte ich mit viel Engagement und Elan zum Erfolg Ihrer Firma beitragen ... «
- » Nachdem ich gerade mein Studium der Anglistik mit einem Master erfolgreich abgeschlossen habe, möchte ich meine Fähigkeiten nun als ... in Ihre Firma einbringen. «
- » In den letzten Studienjahren konnte ich als ... vor allem in den Bereichen ... meine Fähigkeiten ... unter Beweis stellen. «

Abschluss: Nach Ihrer Selbstdarstellung folgt der Schlusssatz, ggf. in Kombination mit Ihrer Gehaltsvorstellung oder / und dem Verweis auf ein mögliches Vorstellungsgespräch. Etwa kurz und bündig in dieser Form:
- » Da ich bereits über Erfahrungen in der von Ihnen ausgeschriebenen Position verfüge, möchte ich gern zwischen 38 000 und 42 000 Euro brutto im Jahr verdienen. «
- » Über die Einladung zu einem persönlichen Gespräch freue ich mich. «
- » Für alle weiteren Fragen stehe ich Ihnen gerne in einem persönlichen Gespräch zur Verfügung. «

Wird in der Stellenanzeige Ihr Gehaltswunsch verlangt, sollten Sie diesen auch nennen. Sonst könnte Ihre Bewerbung aussortiert werden. Geben Sie immer Ihr Jahresbrutto-Wunschgehalt an, und zwar als Spanne wie z. B. » ... zwischen 36 000 bis 42 000 Euro «. Informieren Sie sich hierzu im Internet über Einstiegsgehälter, die in Ihrer Branche üblich sind.

Vergessen Sie nicht die Unterschrift unter Ihrem Anschreiben. Ein PS wäre ein wunderbarer Eyecatcher. Überlegen Sie, was Sie noch mitteilen können, was die Aufmerksamkeit des Lesers positiv einfängt. Sie könnten z. B. darauf hinweisen, dass Sie sich zu einem bestimmten Termin in der Stadt aufhalten, in der sich der Firmensitz befindet.

Zeugnisse und Anlagen

Für eine Bewerbung nach deutschen Standards benötigen Sie:
- Schulabschlusszeugnis
- ggf. Ausbildungsabschlusszeugnis
- ggf. Hochschulzeugnis (Bachelor, Master, Diplom usw.)
- ggf. aussagekräftige Praktikumsnachweise bzw. -zeugnisse
- ggf. Arbeitszeugnisse
- besondere Zertifikate über Fort- und Weiterbildungen
- Referenzen, falls Sie sich als freier Mitarbeiter bereits im Berufsleben verdient gemacht oder Ihren Professor so beeindruckt haben, dass er Ihnen ein Empfehlungsschreiben anbietet.

Generell gilt: Achten Sie darauf, dass Sie Ihre Bewerbung nicht mit Anlagen überfrachten. Wählen Sie nur die wichtigsten aus, die zu Ihrer Bewerbung passen!

Wichtig: Lassen Sie Freunde oder Bekannte Ihre Bewerbung Korrektur lesen!

Bewerbungsmöglichkeiten im Internet

Das Internet bietet sowohl bei der Suche nach Stellen und Informationen als auch bei der Kontaktaufnahme vielfältige Möglichkeiten. Informieren Sie sich online über Details zu den Unternehmen, bei denen Sie sich bewerben wollen. Diese Informationen benötigen Sie für die Erstellung Ihrer Bewerbungsunterlagen und für die Vorbereitung auf das Vorstellungsgespräch.

Die meisten Unternehmen bevorzugen inzwischen eine digitale Bewerbung. Sie können sich bei nahezu jedem Arbeitgeber per E-Mail bewerben. Wenn Sie jedoch Zweifel haben und lieber die klassische Bewerbung auf Papier bevorzugen, empfehlen wir Ihnen eine kurze telefonische Nachfrage. Das wird toleriert und schafft absolute Klarheit.

E-Mail-Bewerbung

Bei E-Mail-Bewerbungen sind zwei Varianten denkbar:

1. **Kurzbewerbung:** Sie schreiben ein kurzes Anschreiben (ca. 5 Zeilen) in den E-Mail-Text und senden Ihr berufliches Profil oder Ihren Lebenslauf als PDF im Anhang.

2. **Ausführliche Bewerbung:** Sie kündigen im E-Mail-Text auf weniger als 5 Zeilen die angefügten Unterlagen an, bestehend aus Anschreiben, Lebenslauf, Zeugnissen und ggf. Arbeitsproben, verpackt in zwei bis drei Dateien. Sollte es eine Begrenzung für den Dateiumfang geben, beschränken Sie sich auf Anschreiben, Lebenslauf und die wichtigsten Zeugnisse.

Erfolgreich ist Ihre E-Mail-Bewerbung dann, wenn Sie einige Grundregeln beherzigen:

- Verlangt das Stellenangebot nicht ausdrücklich die vollständigen Unterlagen, sind E-Mail-Bewerbungen eher Kurzbewerbungen. Ein ansprechendes kurzes Anschreiben und ein gut getexteter Lebenslauf reichen als Erstkontakt aus. Konzentrieren Sie sich auf das Wesentliche und bieten Sie an, die entsprechenden Unterlagen nachzureichen.
- Sprechen Sie den Verantwortlichen namentlich direkt an; wenn Sie Ihren Ansprechpartner nicht kennen, recherchieren Sie diesen telefonisch.
- Formulieren Sie stets individuell für eine bestimmte Firma; Serienmails sind als Bewerbung absolut ungeeignet.
- Beziehen Sie sich auf das entsprechende Stellenangebot.
- Datei-Format: unbedingt PDF (= Portable Document Format), weil es alle Schriften, Formatierungen, Farben und Grafiken Ihres Dokumentes erhält und nicht veränderbar ist. Auch Ihre eingescannten Zeugnisse sollten Sie in einem PDF zusammenfassen.
- **Wichtig:** Testen Sie, wie Ihre E-Mail ankommt. Richten Sie sich eine zweite E-Mail-Adresse ein und schicken Sie vorab eine Testbewerbung an sich selbst. Verwenden Sie für Ihre E-Mail-Bewerbungen eine seriöse E-Mail-Adresse. blondangel@hotmail.com verrät zwar Ihre Haarfarbe, wirkt aber auf den Personalentscheider unseriös.

Typische Fehler bei der E-Mail-Bewerbung sind:
- E-Mails werden mit Anhängen verschickt, deren Inhalt nicht aus dem Dateinamen deutlich wird.
- Gewisse Formalitäten werden vernachlässigt, z. B. wird zu wenig auf Rechtschreibung, Grammatik und eine höfliche Anrede geachtet.
- Die Absenderangaben oder die Adresse wirken unprofessionell.
- Die Betreffzeile ist schlecht oder unzureichend getextet.
- Riesige Dateianhänge legen das komplette System lahm oder lassen sich nicht öffnen.
- Eine Unmenge an Werbung wird mittransportiert.
- Die E-Mail wird mit einer Empfangsbestätigung verschickt.
- Dokumente enthalten Viren.
- Die E-Mail enthält seltsame Zeichen.

Das Onlineformular

Viele Unternehmen bieten auf ihren Internetseiten die Möglichkeit, sich mithilfe firmeneigener Formulare online zu bewerben. Neben Rubriken, in denen die Lebensdaten abgefragt werden, gibt es Textfelder, die Platz für eigene Formulierungen bieten. Ihren Lebenslauf sowie Ihre Zeugnisse können Sie dann im PDF-Format hochladen.

Häufig werden in diesen Bewerbungsformularen Fragen wie »Warum bewerben Sie sich bei uns?« oder »Warum diese Ausbildung?« gestellt. Hier sind Kreativität und Formulierungsgeschick gefragt. Bevor Sie solche Textfelder ausfüllen, überlegen Sie sich gut, was Sie schreiben. Am besten formulieren Sie zunächst einen Text in einer separaten Datei, den Sie anschließend in die Felder des Formulars kopieren. Wichtig: Bleiben Sie stets kurz und prägnant. Wer zu viel schreibt, fällt eher unangenehm auf!

Initiativbewerbung

Bei dieser Form der Bewerbung stellt sich der Bewerber bei einer Firma vor, ohne dass diese eine Stelle ausgeschrieben hat. Auch Initiativbewerbungen haben Chancen, denn oft schreibt ein Unternehmen Positionen zunächst intern aus, bevor es eine öffentliche Stellenanzeige publiziert. Oder eine Stelle ist geplant, aber die Bewerbersuche noch nicht eingeleitet. Ein neues Projekt ist angedacht, aber das entsprechende Personal noch nicht sondiert ... und gerade zu diesen Zeitpunkten ist eine aktive Bewerbung besonders Erfolg versprechend.

Durch eine Initiativbewerbung demonstrieren Sie **Engagement, Initiative sowie Motivation** und sichern sich eine »Alleinstellung« (anders als bei einer Bewerbung auf eine Stellenanzeige, wo Sie mit viel Konkurrenz rechnen müssen). Sie können bei der Bewerbung flexibel Ihre besonderen Qualitäten darstellen, da Sie nicht die Anforderungen einer Stellenanzeige berücksichtigen müssen. Weiterer Vorteil: Selbst wenn keine Stelle frei ist, behält man vielleicht Ihre Unterlagen, bis eine entsprechende Vakanz entsteht.

Diese Form der Bewerbung, die Initiativ- oder unaufgeforderte Bewerbung, stellt jedoch eine besondere Herausforderung dar. Sie erfordert viel Fingerspitzengefühl, da Sie einen **Bedarf erst wecken wollen**, den Ihr potenzieller Arbeitgeber vielleicht noch gar nicht erkannt hat. Sie müssen in aller Kürze deutlich machen, warum Sie sich gerade für dieses Unternehmen interessieren und was Sie Besonderes anzubieten haben. Ein interessanter Einstieg ist wichtig, um den Leser neugierig zu machen und zum Weiterlesen zu verleiten. Auch eine dramaturgisch geschickte Präsentation Ihrer Fähigkeiten ist essenziell.

Informieren Sie sich gründlich über das Unternehmen und suchen Sie aktiv nach Problemen, die auf Unternehmensseite gelöst werden müssen. Lassen Sie dann Ihre beruflichen bzw. fachlichen Erfolge Revue passieren, um zu demonstrieren, wie Sie mit Ihren Kenntnissen zur Problemlösung beitragen können.

Fragen Sie Ihre Freunde und Bekannten, ob sie jemanden kennen, der in dem besagten Unternehmen arbeitet. Arrangieren Sie dann ein ungezwungenes Treffen, am besten mit dem gemeinsamen Bekannten.

Sprechen Sie auch die Möglichkeit an, zunächst auf Honorarbasis für das Unternehmen tätig zu werden. Verläuft die freie Mitarbeit zur Zufriedenheit aller, wird eventuell später doch noch eine Festanstellung daraus.

Eine **Kurzbewerbung** wäre eine gute Möglichkeit, mit der Sie sich unaufgefordert und eigeninitiativ bewerben können.

Die Botschaft Ihrer Bewerbung

Jede Bewerbung verlangt Werbung in eigener Sache. Das erfordert Selbstbewusstsein, Vorbereitung sowie eine große Portion Fleiß, Geduld und Frustrationstoleranz. Was sind Ihre zentralen Botschaften, damit sich der Empfänger für Ihr Problemlösungs- und Mitarbeitsangebot interessiert? Wofür stehen Sie und was motiviert Sie? Erreichen Ihre Aussagen dazu Auge, Verstand und Herz des Lesers und Entscheiders auf direktestem Weg in kürzester Zeit? Und sind diese so überzeugend, dass sie den Wunsch auslösen, Kontakt mit Ihnen aufzunehmen? Lassen Sie sich ggf. von einem Profi beraten, statt immer wieder nicht überzeugende, erfolglose Bewerbungen zu versenden und immer frustrierter und unsicherer zu werden.

Durch intensive Vorbereitung zur überzeugenden Bewerbung

Das Wichtigste: Ihre Einstellung – zunächst die mentale Auseinandersetzung mit Ihrem Vorhaben, einen Arbeitsplatz zu finden, dann die gründliche inhaltliche Vorbereitung, was regelmäßig unterschätzt wird.

Häufig machen Bewerber viele Fehler, sind **unvorbereitet,** wissen nicht, was auf sie zukommt und worum es wirklich geht. Das hat etwas damit zu tun, dass das Thema Bewerbung Erinnerungen an frühe biografische Erfahrungen mit dem heiklen Thema Angenommen- oder Abgewiesenwerden hervorrufen kann. Ein unbewusster Aspekt, der hinter jeder Prüfungsangst steckt.

Das sind die wirklichen Weichensteller: Kompetenz, Leistungsmotivation und Persönlichkeit (KLP) sind die Grundlagen jeder Bewerbung. Hinterfragt wird:

1. Verfügt der Bewerber über die erforderlichen generellen und fachlichen Qualifikationsmerkmale? **(K)**
2. Was bewegt den Bewerber, was sind seine Motive für Arbeitsplatz- und Aufgabenwahl? Ist er motiviert, Außerordentliches zur Verwirklichung von Unternehmens- bzw. Institutionszielen zu leisten? **(L)**
3. Mobilisiert der Bewerber Sympathiegefühle, kann man sich mit ihm »wohlfühlen« und passt er zum Team, zum Unternehmen (bzw. zur Institution)? Stimmt die persönliche »Chemie«, kann man ihm vertrauen **(P)**? Vertraut man dem Bewerber, traut man ihm auch etwas zu, was uns zurück zur Kompetenz bringt.

Neben **Kompetenz** sind vor allem **Sympathie und Leistungsmotivation** sehr wichtig. Abgesehen vom fachlichen Können, bei dem Sie noch am Anfang stehen, sind die absoluten »Weichensteller« für Ihren Einstieg in die Arbeitswelt Ihr sympathischer Auftritt und die Leistungsmotivation, die man Ihnen zutraut. Wenn Sie denken, das käme frühestens beim Vorstellungsgespräch zum Tragen, irren Sie sich! Bereits durch Ihr Foto können Sie Sympathie erwecken. Während Sympathie (wie auch Antipathie) bei einer ersten Begegnung sofort spontan spürbar ist, werden die Schlüsselmerkmale Leistungsmotivation und Kompetenz kognitiv zugeschrieben. Es sind Merkmale, die sich nicht unmittelbar affektiv mitteilen. Dennoch: Es geht gerade bei der Leistung und dem Können auch um Zutrauen in Ihre Potenziale und das bedeutet Vertrauen, also doch wieder auch die Beteiligung von Gefühlen.

Hauptziel Ihres Bewerbungsvorhabens muss es sein, die drei alles entscheidenden Weichensteller (KLP) als Signale für eine Einladung zum Vorstellungsgespräch so prägnant »auszusenden«, dass sie beim potenziellen Arbeitgeber wirklich gut »ankommen«. Das gilt zuerst für die Erstellung der schriftlichen Unterlagen, später dann auch für das persönliche Auftreten im Vorstellungsgespräch.

Stellen Sie sich zur Vorbereitung folgende Fragen:
▶ *Was für ein Mensch sind Sie, und wie präsentieren Sie sich?*
▶ *Wie bringen Sie Ihre Leistungsmotivation deutlich zum Ausdruck?*
▶ *Wie vermitteln Sie überzeugend Ihre Kompetenz?*

Entwickeln Sie dabei so etwas wie eine **Leitidee** oder einen **roten Faden**. Diese berühmten vier Fragen sind dabei hilfreich:
▶ *Was für ein Mensch sind Sie?*
▶ *Was können Sie?*
▶ *Was wollen Sie?*
▶ *Was ist für Sie möglich?*

Zu Ihrer Standortbestimmung eignen sich auch die folgenden Fragen:
▶ *Was liegt hinter Ihnen?*
▶ *Wie schätzen Sie sich und Ihre Fähigkeiten ein?*
▶ *Wie sieht Ihre aktuelle Situation aus, mit der Sie sich jetzt auseinandersetzen?*

Dies ist die **konzeptionelle Basis Ihrer schriftlichen Selbstdarstellung** in der Bewerbung. Sie wollen einer Person eine Botschaft näherbringen und die Person dazu bringen, Sie zum Vorstellungsgespräch einzuladen.

Wie gehen Sie vor? Aus der Welt der Werbung kennen wir eine besondere Vorgehensweise, die Ihr Bewerbungsvorhaben positiv unterstützen kann. Sie müssen Ihr Kommunikationsziel definieren, Ihre Botschaften formulieren und Ihre Argumente zusammenstellen.

Es sind also drei aufeinander abgestimmte Schritte zu beachten:
1. Was wollen Sie Ihrem Gegenüber, dem Arbeitgeber kommunizieren? Was ist Ihr Anliegen, Ihr Ziel? Dies ist der fast wichtigste und leider auch schwierigste Baustein, der wohl die längste Bearbeitungszeit in Anspruch nehmen wird.
2. Wie formulieren Sie aus den sorgfältigen Überlegungen zu Ihrem Kommunikationsziel verständliche, schnell begreifbare, überzeugende Botschaften? Hier kommt es besonders auf Ihre Fähigkeit an, etwas »auf den Punkt« zu bringen.
3. Wie untermauern Sie diese sorgfältig ausgewählten und präzise formulierten Botschaften, um deren Glaubwürdigkeit und Überzeugungskraft ebenso zu stärken wie deren Erinnerungsgehalt?

Sie sollten sich also zunächst mit der Frage auseinandersetzen, was Sie Ihrem Gesprächspartner von sich vermitteln wollen. Den meisten Bewerbern fällt jetzt spontan ein: Ich will diesen Job! Dieses Kommunikationsziel haben aber auch alle anderen Mitbewerber und allein die Tatsache, dass Sie einen Job haben wollen, ist für die am Auswahlprozess Beteiligten kein zwingender Grund, sich für Ihre Person zu entscheiden.

Bei der weiteren Beschäftigung mit dieser Frage neigen viele Bewerber dazu, mehr oder weniger stark zu argumentieren, sie seien nun mal der/die Beste für bestimmte Aufgaben. Schön und gut, aber was glauben Sie, wie argumentieren Ihre Mitbewerber? Hier wird von den meisten schnell erkannt, dass ihre Argumentation, dass ihr Kommunikationsziel – ich bin der/die Beste, ich will, geben Sie mir die Chance – für sich allein noch ziemlich schwach ist.

Wie kann man es besser machen? Zunächst geht es darum, ein besonderes Kommunikationsziel zu entwickeln. Sie haben die schwierige Aufgabe, sich genau zu überlegen, was für besondere Fähigkeiten Sie haben (K), was Sie damit für Ihren möglichen Auftraggeber erreichen wollen (L) und was für ein Mensch Sie eigentlich sind (P).

Wenn Sie sich lange genug mit diesen Fragen und Themen, mit Ihrem individuellen (Problemlösungs-Mitarbeits-)Angebot auseinandergesetzt haben und zu wichtigen, wirklich substanziellen Ergebnissen gekommen sind, wird es Ihnen leichter fallen, bezogen auf den von Ihnen angestrebten neuen Arbeitsplatz ein Kommunikationsziel zu entwickeln.

Bevor Sie sich aber mit der Frage »Wie sage ich es meinem Kunden, dem potenziellen Arbeitgeber?« beschäftigen, geht es auch noch um das nicht geringe Problem: »Wird das, was ich vermitteln will, wirklich für eine positive Entscheidung im Rahmen des Prüfungs- und Auswahlprozesses ausschlaggebend sein?«

Beginnen Sie zuerst mit der Definition Ihres Kommunikationsziels. Zum Beispiel: »Mein Kommunikationsziel ist es, den Lesern und Personalentscheidern zu vermitteln, dass ich ein Mensch bin, der über außergewöhnliche kommunikative Begabungen verfügt. Darunter ist zu verstehen: Ich bin sehr gut in der Kontaktaufnahme zu anderen, kann mich schnell und gewandt ausdrücken und ohne große Hemmungen mit jedem Menschen leicht ins Gespräch kommen. Andere vertrauen mir auffällig schnell. Ich wirke auf viele Personen ermutigend und bin bestimmt ein sehr guter und aufmerksamer Zuhörer. Trotz meiner Freude an Unterhaltungen und auch an gezielten Gesprächen bin ich jemand, der sehr diskret sein kann und bei dem ein Geheimnis absolut sicher aufgehoben ist.«

Formulieren Sie daraus leicht verständliche, klare Botschaften. In unserem Beispiel wären die drei wichtigsten Botschaften folgende:
1. Ich bin ein kommunikativ begabter Mensch, der mit anderen mühelos jederzeit ins Gespräch kommen kann.
2. Ich gewinne schnell das Vertrauen anderer Menschen.
3. Ich bin ein guter und aufmerksamer Zuhörer.

Anschließend suchen Sie sich die **besten, überzeugendsten Argumente** aus. Denn Sie müssen in der Lage sein, Ihre Aussagen zu Ihrer Person glaubwürdig zu untermauern. Nur Behauptungen aufzustellen ist zu wenig. Achten Sie darauf, dass das bekannte Goethe-Zitat »Die Botschaft hör ich wohl, allein es fehlt mir der Glaube« bei Ihnen nicht zutrifft.

Sie müssen also herausfinden, durch welche Detailbeschreibungen Sie Ihrem lesenden Gegenüber verdeutlichen können, dass Ihre in den Botschaften enthaltenen Aussagen wirklich glaubwürdig sind. Welche Situationen, Begebenheiten in Ihrem (Berufs-)Leben können Ihre Botschaften als Kurzformeln transportieren? Wenn Sie hier die richtigen Sätze zu Papier bringen, stehen Ihre Argumente und unterstreichen so die Glaubwürdigkeit Ihrer überlegt ausgewählten Botschaften.

Kommunikationsziel, Botschaften und **Argumentation** ergeben in einem idealen Dreiklang die Entscheidungsgrundlage, auf der sich ein Arbeitgeber für Sie als den richtigen Kandidaten entscheiden kann.

Ihre schriftlichen Unterlagen haben nicht viel Zeit, um zu wirken! Manche Personalchefs behaupten, in weniger als einer Minute herauszufinden, ob der Kandidat sie interessiert. Andere investieren zwei, drei bis (selten) fünf Minuten. Ein Computerauswahlprogramm braucht bei Online-Bewerbungsformularen wenige Sekunden.

Ihr wichtigstes Ziel ist die **Einladung** zum Vorstellungsgespräch. Dieses erreichen Sie, wenn man durch Ihre Unterlagen so neugierig auf Sie geworden ist und sich so viel von Ihnen verspricht, dass man Sie kennenlernen möchte. Damit diese Erwartung auf der Leser- und Auswählerseite entsteht, sollten Sie gewisse Spielregeln beachten und einige dramaturgische Tricks einsetzen.

Aber noch etwas ist wichtig: Ihre Unterlagen sollten ein interessantes Angebot enthalten. Diesem muss leicht und glaubwürdig zu entnehmen sein, dass Sie etwas Besonderes für das Unternehmen machen können. Etwas, was dieses gerade dringend benötigt, bestens gebrauchen kann. **Begreifen Sie sich also als Problemlöser.** Weil es Probleme gibt, sucht man Unterstützung zu deren Bewältigung. Sie sind eigentlich Unternehmer, eine Art Problemlöser und bieten Ihren Kunden (den Arbeitgebern) Ihr (zukünftiges) Spezialwissen an. So gesehen verändert sich Ihr gesamtes Auftreten, Ihre Haltung und Ihr Bewusstsein.

Die Verdeutlichung dieser elementaren Aspekte hilft Ihnen bei der Erstellung Ihres Lebenslaufs, mit dem Sie für sich selbst werben.

Wenn Sie zum Vorstellungsgespräch oder zu einem Assessment-Center eingeladen werden, bereiten Sie sich mit unseren Spezialbüchern darauf vor.

Kommentierte Bewerbungsunterlagen

Wir präsentieren Ihnen im Folgenden kommentierte Musterbewerbungen von Hochschulabsolventen unterschiedlicher Fachrichtungen und Qualifikationen. Diese sollen Ihnen zur Anregung und Orientierung für Ihr eigenes Bewerbungsvorhaben dienen und Sie dazu ermutigen, eigene kreative Umsetzungsmöglichkeiten zu erarbeiten. In unserem Online Content (**www.stark-verlag.de/onlinecontent**) finden Sie alle Beispiele zusätzlich als Dateien, die Sie in Ihr Textverarbeitungsprogramm übernehmen und individuell gestalten können. Lassen Sie sich durch die Beispiele anregen, aber gehen Sie trotzdem Ihren eigenen Weg. Wichtig ist, dass Sie Ihrer Bewerbung Ihre ganz persönliche Note geben.

Ob Sie Ihre Bewerbung in digitaler Form versenden oder ausdrucken, in eine klassische Bewerbungsmappe zur persönlichen Übergabe oder für den Postversand packen, bleibt Ihnen überlassen bzw. hängt von den Wünschen des Arbeitgebers ab. Fast alle Beispiele in diesem Buch sind für beide Optionen geeignet.

Aus Fehlern und an guten Beispielen zu lernen: Das funktioniert, und wenn es nicht mal die eigenen Fehler sind, tut es auch nicht weh. Wir haben in zwei Fällen Bewerbungsunterlagen unmittelbar handschriftlich kommentiert: im Vorher-Nachher-Beispiel und bei einer sehr guten Bewerbung. Dabei machen wir auf Fehler, aber auch auf besonders gelungene Aspekte aufmerksam. Im Online Content finden Sie diese Beispiele für Ihre Nutzung natürlich ohne diese Anmerkungen.

In den Kommentaren zu den Bewerbungen werden immer wieder ästhetische Aspekte angesprochen:

- Die **optische Gestaltung** spielt eine bedeutende Rolle bei Ihrer schriftlichen Bewerbung. Sie dürfen nicht langweilen, sondern sollten durch optische Signale auffallen. Übertreiben Sie dabei nicht, bleiben Sie bei schlichter Eleganz. Ihre Bewerbung sollte immer noch wie » selbstgemacht « aussehen und nicht wie von einem Designer, der zeigen will, was er alles Tolles kann.
- **Zeilenführung und Umbruch** sind sehr wichtig: Sie sollen beim Lesen den Gedanken unterstützen und nicht unterbrechen. Dafür lohnt es sich, Zeit zu investieren
- **Flattersatz** wirkt immer deutlich lebendiger als Blocksatz und ist deshalb vorzuziehen.

Erst Flop, dann top: Vorher-Nachher-Beispiel

Die Bewerbung einer jungen Psychologin – vor und nach einer gründlichen Überarbeitung – verdeutlicht, was zunächst unzureichend war und verbessert werden konnte. Ein Lernbeispiel, das vor Augen führt, was Sie beachten sollten, wenn Ihre Bewerbungsunterlagen und damit Ihr Mitarbeitsangebot auf der Empfängerseite gut ankommen sollen.

Vorsicht! Schlechte Version

NINA NEEF
Psychologin (M. Sc.)

Rengerstr. 44, 10887 Berlin-Treptow
☎ 030 4195433
nina.neef@email.com

Nina Neef, Rengler Str. 44, 10887 Berlin-Treptow

Institut für Fortbildung
z. Hd. Frau Scholz
Querdamm 70
20179 Hamburg

[handschriftlich: z.Hd eingekreist — nicht mehr üblich]

[Stempel: Schlechte Version! Abgelehnt!]

[handschriftlich: Rasten unschön, zu formal]

Berlin, den 21. Oktober 2017

[handschriftlich: „den" eingekreist — nicht mehr üblich]

Ihre Anzeige in der Frankfurter Allgemeinen Zeitung vom 17.09.2017

Sehr geehrte Frau Scholz,

ich beziehe mich auf Ihre Anzeige und schicke Ihnen meine Unterlagen trotz erheblicher Zeitverzögerung seit Erscheinen der Mitarbeitersuche. Mein Interesse gilt der Tätigkeit als Trainerin. Besonders der Bereich der Jugendarbeit ist für mich der Anlass, mich Ihnen vorzustellen.

Ich bin Psychologin (M. Sc.), 27 Jahre alt und arbeitete während des Studiums über 2 Jahre mit verhaltensauffälligen Jugendlichen.
Bei dieser Arbeit in der Notunterkunftswohnung des Familiendienstes e. V. lag die besondere Herausforderung im Umgang mit Aggressionen. Konfliktpotenzialen innerhalb der Gruppen von Jugendlichen, die sich jeden Abend neu zusammensetzten, musste häufig mit einem klaren Konfliktmanagement begegnet werden.

Schon zur Zeit meines Studiums leitete ich Arbeitsgruppen und wurde wegen meiner Fähigkeit zur Wissensvermittlung von meinen Kommilitonen geschätzt. Darüber hinaus war ich als Assistentin im weitesten Sinne im Bereich Marketing und Motivation bei der Firma Bey beschäftigt.

*[handschriftlich:
- Langweilig, unstrukturiert
- zu ausführlich]*

Zurzeit hospitiere ich beim Institut Behaim Berlin in der Funktion als Betreuerin, wozu auch das Durchführen von Schulungen gehört.

Vor diesem Hintergrund halte ich es für angemessen, meine Kompetenz in der Tätigkeit als Trainerin in entsprechenden Bereichen vermitteln zu wollen. Ich halte in der Arbeit mit Menschen das Herstellen von Kontakt und die Wahrnehmung von individuellen Bedürfnissen, Schwächen oder Ängsten für notwendige Grundvoraussetzungen, auch in Trainingssituationen. Außerdem würde mir eine solche Tätigkeit auch deswegen Spaß machen, weil zu meinen Eigenschaften insbesondere Motivation, Einfühlsamkeit und Begeisterungsfähigkeit gehören.

Die von Ihnen angesprochene Reiseneigung und die Teilnahme an Trainerschulungen kommen mir entgegen, und es würde mich freuen, wenn ich mich dem Team persönlich vorstellen könnte.

Mit freundlichen Grüßen

N. Neef

N. Neef
Psychologin (M. Sc.)

Satzbau zu komplex

zwei Seiten nur in Ausnahmefällen ok, wenn inhaltlich gerechtfertigt

Handschriftliche Unterzeichnung reicht

Schlechte Version! Abgelehnt!

Anlagen:

Lebenslauf
Arbeitszeugnisse
Klinik für Kinder- und Jugendpsychiatrie Hermsdorf
Gehörlose und Behinderung e. V., Berlin
Familiendienst e. V., Berlin
Arbeitsbescheinigungen
Firma Bey
Institut Behaim Berlin
Weiterbildungsbescheinigungen
Workshoptagung Belsen
Haus Eder, Hamburg
Praktikumsbescheinigung
Hochschulabschlusszeugnis

Anlagen nicht hier auflisten, sondern übersichtlich auf einer Extraseite

Vorsicht! Schlechte Version

Lebenslauf

Schlechte Version! Abgelehnt!

Persönliche Daten:

Name: Nina Neef
Rengerstr. 44
10887 Berlin
Geburtsdatum: 03.08.1990
Geburtsort: Hamburg
Familienstand: ledig

Schulbildung: 1996–2009 Grundschule und Gymnasium Lerchenfeld, Hamburg
2009 Abitur am Gymnasium Lerchenfeld

Berufsausbildung: 2009–2012
Ausbildung zur Gesundheits- und Kinderkrankenpflegerin, Klinik für Kinder- und Jugendpsychiatrie Hermsdorf

Hochschulausbildung: 2012–2017 Studium Psychologie, FU Berlin
2015 Bachelor of Science (Psychologie)
2017 Master of Science (Psychologie)
Psychiatriepraktikum
Masterarbeit: Evaluation eines Therapievergleichs

anderer Aufbau: das Wichtigste zuerst

unübersichtlich

Psychologische Praxis: 2013–2014 Betreuung bei Gehörlosen und Behinderung e. V.
2014–2016 Notunterkunftswohnung, Familiendienst e. V., Berlin
zur Zeit Institut Behaim Berlin

Sonstige Tätigkeiten: 2012–2013 Assistentin Marketing, Firma Bey, Berlin

Weiterbildung: 2014 Workshoptagung Belsen: Krisenberatung
2014 Haus Eder, Berlin: Gesprächsführung mit Jugendlichen

Hobbys: Skilanglauf und Wassersport, Paddel- und Katamarankurse

botschaftlose Aufzählung

Berlin, 21.10.2017

N. Neef

Unterlagen nicht fortlaufend nummerieren

Nina Neef

Psychologin (M. Sc.)
Rengerstr. 44, 10887 Berlin
Tel. 0152 8761234
nina.neef@email.com

Institut für Fortbildung
Frau Sarah Scholz
Querdamm 70
20179 Hamburg

Berlin, 21. Oktober 2017

**Ihre Anzeige vom 17.10.2017 in der Frankfurter Allgemeinen Zeitung
Mitarbeiterin für den Bereich Schulung und Training, Sozialbereich**

Sehr geehrte Frau Scholz,

zunächst vielen Dank für das freundliche Telefonat. Wie besprochen sende ich Ihnen meine Bewerbungsunterlagen zu, da mich die ausgeschriebene Position außerordentlich interessiert und sie darüber hinaus meinen beruflichen Wünschen voll entspricht.

Ich bin Psychologin (M. Sc.) und habe mich schon während meines Studiums mit den Aufgaben im Bereich Schulung, Gruppenleitung, Kommunikations- und Verhaltenstraining intensiv beschäftigt. Mein abgeschlossenes Psychologiestudium verleiht mir neben einer ausgeprägten Kontaktfähigkeit ein gutes Einfühlungsvermögen wie auch die Kompetenz zu strategisch-zielorientiertem Denken und Handeln.

Ein hoher Leistungsanspruch und meine Einsatzbereitschaft runden mein Profil ab.

Aktuell arbeite ich im Rahmen einer Hospitation mit sozial auffälligen und lernbehinderten Jugendlichen. Gerade die Möglichkeit, meine medizinischen Erfahrungen als Gesundheits- und Kinderkrankenpflegerin mit konzeptionellem Denken zu verbinden, entspricht genau meinen Vorstellungen.

Differenziertere Informationen über mich finden Sie auf den nächsten Seiten.
Ich freue mich besonders auf eine Einladung zu einem Gespräch nach Hamburg, in meine Heimatstadt, und verabschiede mich

mit freundlichen Grüßen aus Berlin

Nina Neef

Anlagen

*Man gibt immer den Verhältnissen die Schuld für das, was man ist.
Ich glaube nicht an die Verhältnisse. Diejenigen, die in der Welt vorankommen, gehen hin und suchen sich die Verhältnisse, die sie wollen und, wenn sie sie nicht finden, schaffen sie sie selbst.*

George Bernard Shaw

schöner Eyecatcher

Bewerbung am Institut für Fortbildung

Persönliche Daten

ansprechendes Foto

Nina Neef, Psychologin (M. Sc.)
Rengerstr. 44, 10887 Berlin
0152 8761234, nina.neef@email.com

geboren am 03.08.1990 in Hamburg,
unverheiratet, ortsunabhängig

Fähigkeiten und Erfahrungen

gute Einleitung

– Gesprächsführung und Moderation
– Motivationsentwicklung
– Kommunikationstraining
– Konfliktmanagement
– Medizinische Fachkenntnisse

LEBENSLAUF

Beruflicher Werdegang

Bereich Psychologie

aktuell
Hospitation im Institut Behaim Berlin, Gesellschaft zur Förderung sozial- und lernbehinderter Jugendlicher und deren Familien

- Gruppenleitung bei Kommunikations- und Sozialtraining
- Berufsplanung, Verhandlungsführung, Telefonkommunikation
- Therapieplanung und Co-Therapie

2014–2016
Notunterkunftswohnung, Familiendienst e. V., Berlin

- Einzelberatung: Persönlichkeitsentwicklung
- Therapie bei Einzel- und Gruppensitzungen bei Suchterkrankung
- Kompetenztrainings
- Konfliktgruppen
- Beratung von Familienangehörigen

2013–2014
Gehörlose und Behinderung e. V., Berlin

- Verhaltenstraining
- Anti-Angst-Programme
- Entspannungsübungen

Bereich Medizin

2009–2012
Gesundheits- und Kinderkrankenpflegerin in der Klinik für Kinder- und Jugendpsychiatrie Hermsdorf

- Pflege von Kindern und Jugendlichen in der stationären Versorgung
- Assistenz der Ärzte
- Ansprechpartnerin für Patienten und deren Angehörige
- Begleitung der Kinder und Jugendlichen zu Therapiesitzungen

Bereich Motivation

2012–2013
Assistentin Marketing, Firma Bey in Berlin

- Akquisitionstätigkeit im Groß- und Einzelhandel sowie Messen
- Werbung

Berufliche Bildung

Hochschulausbildung

2012–2017 Studium der Psychologie, FU Berlin

Bachelor of Science (B. Sc.) 2015
Master of Science (M. Sc.) 2017
Psychiatriepraktikum im Städt. Krankenhaus Berlin-Spandau
Masterarbeit: Evaluation eines Therapievergleichs
Abschluss mit „sehr gut"

evtl. besser nach Weiterbildung nennen

Psychologische Weiterbildung

2014 Gesprächsführung mit Jugendlichen, Haus Eder, Hamburg
Krisenberatung Workshoptagung, Belsen

Berufs- und Schulausbildung

2009–2012 Ausbildung zur Gesundheits- und Kinderpflegerin,
Klinik für Kinder- und Jugendpsychiatrie Hermsdorf
Staatsexamen

1996–2009 Grundschule und Gymnasium Lerchenfeld, Hamburg
Allgemeine Hochschulreife, Note „sehr gut"

Hobbys

Skilanglauf und Wassersport –
ich war mit Leidenschaft Trainerin für
Katamaran-Segelkurse.

sinnvoller Hinweis auf pädagogisches Engagement

Berlin, 21.10.2017

Nina Neef

Noch ein paar Worte zum Schluss

... über meine Person

Einblick in die Persönlichkeit

Meine ausgeprägte Kontaktfähigkeit, meine Bereitschaft, wirklich zuzuhören und hinzusehen, waren Hintergrund für die Wahl meines Studiums. Heute sehe ich diese Fähigkeiten als Garant für erfolgreiches Arbeiten. Kollegen und Freunde schätzen meine Begeisterungsfähigkeit, meine Lust zu probieren und meine Aufmerksamkeit. Ich schätze an mir die Fähigkeit, ‚Türen zu öffnen', und meine enorme Beharrlichkeit.

... über mein Engagement

gut formuliert

Für mich zählen die Entwicklung und Entfaltung persönlicher Ressourcen zu den wirklich wichtigen Dingen nicht nur im Beruf und am Arbeitsplatz, sondern auch im Leben allgemein. Ich freue mich über Herausforderungen und lasse mich dabei von der Überzeugung leiten, dass die Kraft des Wollens alles andere überwiegt. Außerdem glaube ich, dass nichts wirklich gut gelingen kann, solange es keinen Spaß macht. Übrigens, es gibt keine unlösbaren Probleme.

... über meinen Arbeitsstil

Im Mittelpunkt meines Handelns stehen die Persönlichkeit des Teilnehmers / Klienten oder Schülers und die Entwicklung seiner Kompetenzen. Mein Ansatz ist dem Prinzip der Selbstverantwortung als Voraussetzung für Wachstum, Handlungsvielfalt und Motivation verpflichtet.

Berlin, 21.10.2017

Nina Neef

Anlagen

Arbeitszeugnisse
Familiendienst e.V., Berlin
Klinik für Kinder- und Jugendpsychiatrie Hermsdorf
Gehörlose und Behinderung e.V., Berlin

Arbeitsbescheinigungen
Institut Behaim, Berlin
Firma Bey, Berlin

Weiterbildungsbescheinigungen
Haus Eder, Hamburg
Workshoptagung, Belsen

Zeugnisse
Zeugnis „Gesundheits- und Kinderkrankenpflegerin"
Hochschulabschlusszeugnis

Handschriftliche Anmerkungen:
- gute Übersicht
- evtl. etwas zu ausführlich

positiver Eindruck einer sehr motivierten und leistungsorientierten Bewerberin

Gesellschafts- und Geisteswissenschaften

Viele Absolventen hassen Bewerbungsformalien. Sie unterziehen sich nur äußerst ungern dem Schaulaufen in Form der schriftlichen Selbstdarstellung, die sie eher als Selbstbeweihräucherung erleben. Welche positiven und kreativen Gestaltungsmöglichkeiten vertretbar sind, wenn es um Eigenwerbung geht, zeigen die nächsten acht Beispiele.

Außerdem vermitteln die ersten sieben Lektionen nochmals komprimiert, worauf es bei der schriftlichen Bewerbung wirklich ankommt.

Kristin Tietz
Kauffrau (B.A.) | Politikwissenschaftlerin (B.A.)

Schillerring 67, 34125 Kassel
Tel. 0171 2211339, kristin.tietz@gmail.com
www.xing.com/profile/kristin_tietz

Deutsche Bahn AG
Zentralbereich Personalplanung
Frau Anna Gehrke
Ferdinand-von-Schill-Str. 2
63282 Frankfurt am Main

Kassel, 05.08.2017

Meine Bewerbung | Ihre Anzeige bei Monster

Sehr geehrte Frau Gehrke,

ich übersende Ihnen hier meine vollständigen Bewerbungsunterlagen. Als Kauffrau (B.A.) und Politikwissenschaftlerin (B.A.) mit einschlägigen Studienschwerpunkten erfülle ich fachlich die von Ihnen erwarteten Voraussetzungen:

- Kenntnisse in Aufbau und Ablauforganisation
- strategische Produktkonzeption und -planung
- Marketingmanagement
- Unternehmenspolitik

Persönlich runde ich das Profil mit folgenden Eigenschaften ab:

- entscheidungsstark und selbstkritisch
- zukunftsorientiert mit Augenmaß für das Machbare
- unternehmerisch im Denken und kundenorientiert im Handeln

Mein Start bei der Deutschen Bahn AG kann ab sofort erfolgen.
Meine Gehaltsvorstellungen liegen zwischen 40 000 und 45 000 EUR p.a.
Weitere Informationen über mich entnehmen Sie bitte den folgenden Seiten.
Es würde mir sehr gefallen, meinen Beitrag für die Unternehmensentwicklung Deutsche Bahn AG leisten zu dürfen.

Ich freue mich auf ein persönliches Gespräch.

Mit freundlichen Grüßen aus Kassel

Kristin Tietz

Anlagen

Kristin Tietz
Kauffrau (B.A.) | Politikwissenschaftlerin (B.A.)
geboren am 30.06.1989 in Heidelberg
ledig, 1 Tochter (Betreuungsperson vorhanden)

Bewerbung

Bewerbungsunterlagen
für die Deutsche Bahn AG
als
Marketingreferentin

Kristin Tietz
Kauffrau (B.A.) | Politikwissenschaftlerin (B.A.)

Lebenslauf

Berufliche Erfahrungen

seit April 2014	Honorartätigkeit bei der Werbeagentur Schulz & Partner, Kassel
	Aufgabengebiete: Betreuung der regionalen Kunden im Projekt „Regional-Marketing-Konzept für Süd-West Brandenburg", Mitarbeit in der Bekanntheits-Kampagne für Radio Eckert, Käuferbefragungen, Aufgaben zur Produktkonzeption, Sponsorenakquise
Juli 2016 – März 2017	Praxisphase im Rahmen des dualen Studiums bei Micromata Deutschland, Kassel
	Aufgabengebiete: Marketing PR Rechnungswesen
Januar 2009 – April 2009	Praktikum bei der Hoechst AG, Essen
	Aufgabengebiete: Marktforschung Sponsoring Incentives

Kristin Tietz
Kauffrau (B.A.) | Politikwissenschaftlerin (B.A.)

Lebenslauf

Ausbildung

Oktober 2014 – Mai 2017	Duales Studium Wirtschaft/Kauffrau für Büromanagement, Universität Kassel Abschluss: Bachelor of Arts (Kauffrau), Note: 1,4
	Abschlussarbeit: „Produktpolitik und die Integration von Konsumentenerwartungen" Schwerpunkte: Produktpolitik, Marktforschung, Marketingkonzeption, Soziale Milieus
2012–2014	Elternzeit
2008–2011	Studium der Politikwissenschaften, Universität Kassel Abschluss: Bachelor of Arts (Politikwissenschaften), Note: 2
	Abschlussarbeit: „Ästhetische Zeichen als Kommunikationsmittel sozialer Herkunft" Schwerpunkte: Kultursoziologie, Meinungsforschung, Kommunikationsforschung
seit 2009	Teilnahme an Fachveranstaltungen und Kursen
	ADC-Tage in Berlin Kultursponsoring-Kongress in Rom Deutscher Marketing-Tag in Hamburg Führungskräfteworkshops mit M. Birkenbiehl Rhetorik am Institut für Präsentation in Berlin
1995–2008	Grund- und Mittelstufe in Landau Wirtschaftsgymnasium in Karlsruhe Abschluss: Abitur, Note: 1,5

Kristin Tietz
Kauffrau (B.A.) | Politikwissenschaftlerin (B.A.)

Lebenslauf

Sonstiges

Fremdsprachen	Englisch, verhandlungssicher (Sprachschule in Shropshire, England) Französisch und Italienisch, gute Kenntnisse (private Sommerreisen seit meiner Jugend)
IT	MS-Office ●●●●● HTML ●●●○○ Adobe InDesign ●●○○○
Mitgliedschaften	Förderverein bedrohter Tierarten in Deutschland Marketing-Club Deutschland Politik-Forum Kassel e.V.
Sport	Volleyball Tauchen
Lesen	Management-Literatur, u.a. Steven R. Covey Kochbücher, u.a. Jamie Oliver

Kassel, 05.08.2017

Kristin Tietz

Kristin Tietz
Kauffrau (B.A.) | Politikwissenschaftlerin (B.A.)

Meine Sicht der Dinge

Nicht allein in der Kindheit, sondern im Leben allgemein gilt: Kontinuierliches Lernen ermöglicht kontinuierliche Verbesserungen.

Dazu braucht es die Einsicht, dass sich Lernen wirklich lohnt, Bewusstsein, wie wenig man weiß, und die Bereitschaft, bequeme Wege zu verlassen, um mutig kurzfristige Verschlechterungen zugunsten langfristiger Verbesserungen in Kauf zu nehmen.

Mit meinem Gegenüber konstruktiv zu kommunizieren bedeutet, wirklich zuzuhören, die Person ernst zu nehmen und sich zu öffnen. Nur so können unterschiedliche Sichtweisen und Standpunkte erfolgreich zusammengeführt werden.

Nur kontinuierliche Verbesserungen ermöglichen längerfristig einen stabilen Unternehmenserfolg.

Kassel, den 05.08.2017

Kristin Tietz

Kristin Tietz
Kauffrau (B.A.) | Politikwissenschaftlerin (B.A.)

Anlagenübersicht

Firmen   Werbeagentur Schulz & Partner, Kassel
                     Micromata Deutschland, Kassel
                     Hoechst AG, Essen

Zeugnisse   Universität Kassel, Kauffrau (B.A.)
                     Universität Kassel, Politikwissenschaften (B.A.)
                     Abitur
                     Sprachschule in Shropshire

Weiterbildungen Kultursponsoring, Rom
                     Marketing-Tag, Hamburg
                     Workshops mit M. Birkenbiehl

Zu den Bewerbungsunterlagen von Kristin Tietz (Politikwissenschaftlerin)

Anschreiben
- angenehmer erster Eindruck, gute Aufteilung mit gelungener Selbstdarstellung im Mittelteil
- dezentes Design, das bei längerer Betrachtung sehr positiv auffällt → hoher Aufmerksamkeitswert
- Umfang angemessen, gute Aufteilung
- sehr gute Absendergestaltung mit Verweis auf XING-Profil
- Betreffzeile ist ok, klar und auffällig genug
- Anrede gut, weil namentlich
- der Mittelteil ist optisch prägnant und durch gut gewählte Stichpunkte aufmerksamkeitserregend
- Abschluss und Verabschiedung eher unspektakulär, aber korrekt

TIPP etwas größer unterschreiben, sonst entstehen Zweifel am Selbstwertgefühl der Bewerberin, besondere optische Signale und evtl. ein PS einbauen

Deckblatt
- starker erster Eindruck, weil auch viel weiße Fläche Wirkung hat
- positiver Aufmerksamkeitswert

TIPP evtl. hier noch eine weitere, vertiefende Angabe zum beruflichen Profil

Foto
- sympathisches Lächeln, gute Qualität, interessantes Format
- Foto-Hintergrund und Platzierung auf Deckblatt in Ordnung

TIPP Unterschrift unter Foto setzen

Lebenslauf
- eher klassisch mit einer angenehmen Prise Ästhetik → nicht überladen, leicht lesbar
- schönes, schlichtes Design mit gut gestalteten Abschnittsüberschriften
- sehr gute Textergänzungen zur Tochter, den Aufgabengebieten und dem Hobby Lesen

TIPP Motivation für das Doppelstudium erläutern

Dritte Seite
- Überraschung → klarer Aufmerksamkeitswert
- weiter fortgeführtes klares, schnörkelloses Design, angemessener Umfang, gute Aufteilung
- interessante, ansprechende Headline, macht sofort neugierig
- sehr gute inhaltliche Botschaft
- garantierter Hingucker, wird gelesen und verstanden

TIPP Ort und Datum ohne »den« ist heute Standard

Anlagenverzeichnis
- gute Übersicht
- konsequent durchgezogenes Design, das zu den vorherigen Seiten passt

TIPP Übersicht könnte auch auf letzter Seite des Lebenslaufs platziert werden

Beispiel für eine Stellenanzeige

Die **Kreisstadt Verden (Aller)** sucht **zum nächstmöglichen Zeitpunkt**
eine / einen

pädagogische Mitarbeiterin / pädagogischen Mitarbeiter

für die **Nachmittagsangebote in der offenen Ganztagsschule am Klusdamm**.

Wir befinden uns in einem verkehrsgünstig gelegenen Wirtschaftszentrum im Dreieck Bremen, Hannover und Hamburg. In der offenen Ganztagsschule am Klusdamm bieten wir Nachmittagsangebote für Grundschulkinder in der Zeit von 11:00 Uhr bis 17:00 Uhr an. Die Einstellung erfolgt auf der Grundlage des Tarifvertrages für den öffentlichen Dienst (TVöD). Das Entgelt richtet sich nach Entgeltgruppe S 11b TVöD.

Ihre Aufgabenschwerpunkte sind
- Hausaufgabenbetreuung und Angebote in der offenen Ganztagsschule am Klusdamm
- Arbeit mit verschiedenen Zielgruppen und mit Menschen aus unterschiedlichen Kulturkreisen
- Zusammenarbeit mit verschiedenen Institutionen

Sie verfügen über
- ein abgeschlossenes Studium der Fachrichtung (Sozial)Pädagogik / Bildungswissenschaft bzw. Soziale Arbeit (B. A. / M. A.)
- Erfahrungen in der pädagogischen Arbeit mit Kindern (wünschenswert)
- Teamfähigkeit und Kooperationsbereitschaft
- die Fähigkeit, selbstständig zu arbeiten und hohe Flexibilität

Ihre schriftliche Bewerbung senden Sie bitte mit den üblichen Bewerbungsunterlagen bis zum 28.02.2017 an die

**Stadt Verden (Aller) • Fachbereich Interner Service – Personal –
Große Straße 40 • 27283 Verden (Aller)**

Bitte reichen Sie keine Bewerbungsmappen oder Originaldokumente ein, da die Bewerbungsunterlagen nach Abschluss des Auswahlverfahrens vernichtet werden. Für weitere Auskünfte steht Ihnen **Frau Machens, Tel. 04231 12-345**, gerne zur Verfügung.

Nadine Kuttner • Urbanstraße 1 • 10245 Berlin
Telefon 0171 7654321 • E-Mail: nadine.kuttner@bremen.de

Stadt Verden (Aller)
Fachbereich Interner Service – Personal –
Frau Machens
Große Straße 40
27283 Verden

17. Januar 2017

**Ihr Stellenangebot auf interamt.de mit der Angebots-ID 360678
Pädagogische Mitarbeiterin für die Betreuungsangebote Ganztagsschule am Klusdamm**

Sehr geehrte Frau Machens,

beim Blick auf Ihre Stellenbeschreibung fallen mir viele Gründe ein, warum ich mich wirklich sehr gerne zukünftig leidenschaftlich als pädagogische Mitarbeiterin an Ihrer Ganztagsschule engagieren will. **Die f ü n f wichtigsten** möchte ich Ihnen an dieser Stelle nennen.

E R S T E N S sehe ich mich dank meines **Bachelor-Studiums** Bildungs- und Erziehungswissenschaft an der FU Berlin und vor allem auch aufgrund der gerade eingereichten Bachelorarbeit zu Betreuungsangeboten für Kinder sehr gut vorbereitet auf die von Ihnen beschriebene Arbeit.

Z W E I T E N S bringe ich bereits vielfältige **Praxiserfahrungen** mit. Schon als Oberstufenschülerin hat es mir großen Spaß gemacht, Nachhilfe in Deutsch und Englisch zu geben. Während des Studiums habe ich dann Einblicke in die pädagogische und soziale Arbeit unterschiedlichster Institutionen gewonnen.

D R I T T E N S hatte ich die Chance, **interkulturelle Kompetenz** zu entwickeln, in jedem Fall während des einjährigen Aufenthaltes in Südamerika, wo ich mich u.a. für Kinder in einer brasilianischen Favela einsetzte, aber auch in meinem Praktikum im Türkisch-Deutschen Zentrum in Berlin-Neukölln.

V I E R T E N S liegt in meiner gleichzeitig **optimistischen wie auch realistischen Grundeinstellung** eine wichtige persönliche Stärke: Sie können von mir den Idealismus erwarten, den Schülern Hilfe und Signale zu geben, aber auch die Einsicht, dass diese Ziele nicht immer leicht zu erreichen sein werden.

F Ü N F T E N S bin ich **überzeugte Norddeutsche** und freue mich darauf, nach dem Studium in Berlin in meine Heimatregion zurückzukehren. Als gebürtige Bremerin kenne und schätze ich Verden und weiß, dass ich dort im Grünen wohnen und gleichzeitig ein vielfältiges Kulturangebot in Anspruch nehmen kann.

Hoffentlich habe ich Ihr Interesse auf meine pädagogische Kompetenz und Verantwortungsbereitschaft geweckt! In dem Fall freue ich mich über Ihre Einladung zu einem persönlichen Gespräch.

Mit freundlichen Grüßen aus Berlin

Nadine Kuttner

Anlagen

5 gute Gründe für die Bewerbung von Nadine Kuttner

als pädagogische Mitarbeiterin an der Ganztagsschule am Klusdamm in Verden

LEBENSLAUF

Nadine Kuttner
Urbanstraße 1
10245 Berlin
Telefon 0171 7654321
E-Mail: nadine.kuttner@bremen.de

geboren am 12. Mai 1995 in Bremen

STUDIUM

seit 10.2014
Freie Universität Berlin
Mono-Bachelor-Studium Bildungs- und Erziehungswissenschaft (B.A.)
mit den Grundlagen-Modulen
- Bildung und Erziehung
- Methoden der empirischen Sozialforschung I
- Sozialisation und Lernen
- Institutionalisierung von Bildung und Erziehung
- Heterogenität in Bildungs- und Erziehungsprozessen

und den Vertiefungsmodulen
- Pädagogische Diagnostik
- Methoden der empirischen Sozialforschung II
- Entwicklung pädagogischer Organisationen
- Ansätze pädagogischen Handelns

sowie den Pflichtmodulen
- Einführung in die Psychologie
- Rechtliche Grundlagen pädagogischen Handelns

Thema der Bachelorarbeit:
„Zwischen Akzeptanz und Ablehnung –
wie Schüler auf Betreuungsangebote reagieren"
Bachelorabschluss Ende März 2017

AUSLANDSERFAHRUNG

08.2013 – 08.2014
Work and Travel in Lateinamerika mit den folgenden Arbeitsstationen:
- Kinderbetreuung in der Favela „Morro da Providência",
  Rio de Janeiro
- Weinlese in Mendoza, Argentinien
- Arbeit als Kellnerin in einem Restaurant in Santiago de Chile

SCHULE

07.2005 – 06.2013
Altes Gymnasium, Bremen
Abitur im Juni 2013 mit dem Durchschnitt 2,3

PRAXISERFAHRUNGEN IN DER STUDIENZEIT

07.2016 – 10.2016 Berufspraktikum beim BVEED e. V.
(Bundesverband der Erzieherinnen und Erzieher in Deutschland), Berlin
- Mitarbeit an der Planung und Durchführung von Fortbildungen
- Öffentlichkeitsarbeit, Verfassen von Beiträgen für den Newsletter

02.2016 – 03.2016 Praktikantin im Türkisch-Deutschen Zentrum, Berlin-Neukölln
- Mitarbeit bei der Organisation von Kulturveranstaltungen für Kinder
- Unterstützung der Büroleiterin bei der Korrespondenz

09.2015 – 10.2015 Praktikantin im Kirchenkreis Berlin-Mitte
- Mitarbeit in Kinder- und Jugendgruppen
- Ideenfindung für Veranstaltungen, Vorbereitung von Jugendfreizeiten

07.2015 Praktikantin im SOS-Kinderdorf Bremen
- Unterstützung der Leiterin einer heilpädagogischen Tagesgruppe
- Teilnahme an Mitarbeitersitzungen

PRAXISERFAHRUNGEN WÄHREND DER SCHULZEIT

2011 – 2013 Nachhilfelehrerin für Deutsch und Englisch, Bremen

2010 – 2012 Schülerjob als Kassiererin in einer Bremer Lidl-Filiale

03.2010 Schülerpraktikum in der KiTa Vegesacker Rasselbande, Bremen

SPRACHKENNTNISSE

sehr gute Kenntnisse in Englisch und Spanisch
Schulkenntnisse in Französisch
Basiskenntnisse in Türkisch und Portugiesisch

IT-KENNTNISSE

sichere Anwendung der MS-Office-Programme
Grundkenntnisse in Adobe Photoshop

INTERESSEN

andere Länder & Kulturen, Beachvolleyball

Berlin, im Januar 2017   *Nadine Kuttner*

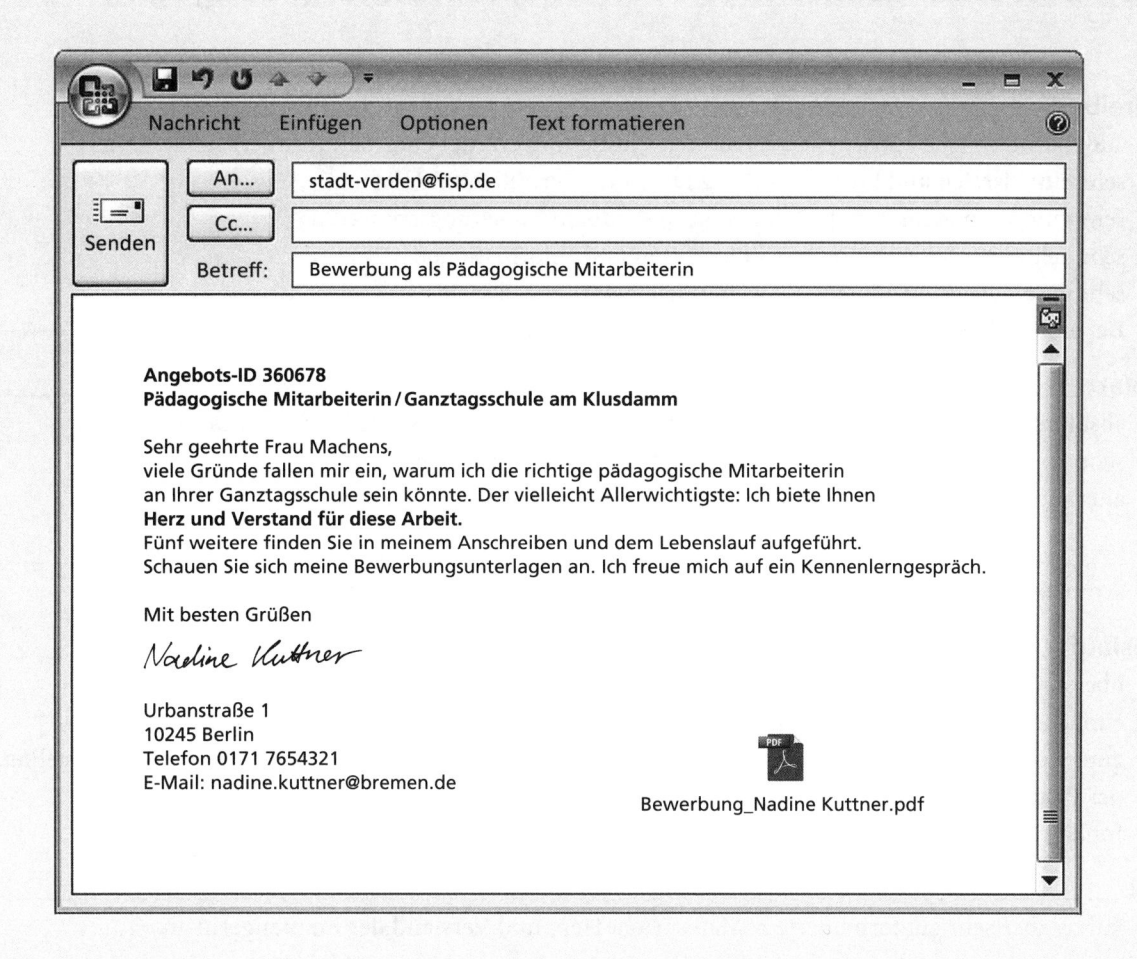

An...: stadt-verden@fisp.de
Betreff: Bewerbung als Pädagogische Mitarbeiterin

Angebots-ID 360678
Pädagogische Mitarbeiterin / Ganztagsschule am Klusdamm

Sehr geehrte Frau Machens,
viele Gründe fallen mir ein, warum ich die richtige pädagogische Mitarbeiterin
an Ihrer Ganztagsschule sein könnte. Der vielleicht Allerwichtigste: Ich biete Ihnen
Herz und Verstand für diese Arbeit.
Fünf weitere finden Sie in meinem Anschreiben und dem Lebenslauf aufgeführt.
Schauen Sie sich meine Bewerbungsunterlagen an. Ich freue mich auf ein Kennenlerngespräch.

Mit besten Grüßen

Nadine Kuttner

Urbanstraße 1
10245 Berlin
Telefon 0171 7654321
E-Mail: nadine.kuttner@bremen.de

Bewerbung_Nadine Kuttner.pdf

Zu den Bewerbungsunterlagen von Nadine Kuttner (Pädagogin)

Anschreiben
- außergewöhnliche optische wie inhaltliche Gestaltung erzeugt enormen Aufmerksamkeitswert
- sehr einfallsreich und kreativ im Design bei noch vertretbarem Umfang
- sehr gute Vorbereitung der Argumentationskette im Einleitungsabsatz
- sehr gelungene Vermittlung von Botschaften und Informationen
- sehr gute Zeilenführung und klug eingesetzte optische Signale

TIPP Berufsbezeichnung in der Absendergestaltung nennen

Deckblatt
- absoluter Hingucker, der den Anschreibentext optimal unterstützt und die Botschaft vermittelt
- schönes, kreatives Design, aber immer auch geschmacksabhängig
- alternativ könnte man das Deckblatt auch vor dem Anschreiben einsetzen

Foto
- sympathischer erster Eindruck, gute Qualität und angenehmes Format

Lebenslauf
- übersichtlich und angemessen kurz, sachlich und leserfreundlich
- einfaches Design, aber sehr klar, keine weiteren unnötigen grafischen Experimente
- gute Strukturierung durch Überschriften, insbesondere sehr geschickte und überzeugende Darstellung der Praxiserfahrung während der Studienzeit
- Inhalt und Botschaften kommen gut rüber

E-Mail
- kurze, aber sehr gut formulierte E-Mail spricht Herz und Verstand der Empfängerin an
- Inhalt und Botschaft sind sehr anregend getextet
- gute Umsetzung mit optischer Unterstützung, angemessen knapp

1. Lektion — Darauf kommt es jetzt wirklich an …

… auf Ihre Einstellung – und dies im doppelten Wortsinne. Also die mentale Auseinandersetzung und Einstimmung auf Ihr Vorhaben, einen Arbeitsplatz zu erobern. Dabei spielt die gründliche Vorbereitung die alles entscheidende Hauptrolle. In welcher Rolle treten Sie – jetzt zunächst schriftlich – auf und was ist Ihre Hauptbotschaft? Ihre zentralen Botschaften sollten Auge, Herz und Verstand des Lesers und Entscheiders in kürzester Zeit erfolgreich und überzeugend erreichen und den unbedingten Wunsch auslösen, Kontakt mit Ihnen aufzunehmen.

Je besser Sie sich vorbereiten, desto größer Ihre Chancen, den Bewerbungsmarathon in möglichst kurzer Zeit erfolgreich zu absolvieren. Ihre Unterlagen gelten dem Auswähler als erste Arbeitsprobe und Eindruck Ihrer (Arbeits-)Persönlichkeit.

Sofia Melcher ♦ Politikwissenschaftlerin

Trillerweg 7 ♦ 55116 Mainz ♦ Tel. 0172 98979522 ♦ sofia.melcher@gmx.de ♦ xing.com/profile/sofia_melcher

Universität Mannheim
Fachbereich Politik
Prof. Dr. Heribert Westmeier
Schlossberg Allee 125
68131 Mannheim

Wissenschaftlicher Mitarbeiter (m/w), Schwerpunkt Evaluation multipler Data-Mind-basierter Methoden in der Sozialforschung

Sehr geehrter Herr Professor Westmeier,

♦ ♦ ♦ ♦ ♦ ♦ ♦ **zugegeben, ich will Sie überzeugen,** ♦ ♦ ♦ ♦ ♦ ♦ ♦

dass das von Ihnen genannte Aufgaben- und Anforderungsprofil ideal zu meiner akademischen Laufbahn und der von mir angestrebten weiteren Spezialisierung passt.

Nach Abschluss meiner **Promotion** möchte ich mich noch stärker der Vertiefung meiner Kenntnisse zum Themenbereich *Methoden der multiplexen Data-Mind-gesteuerten Umfrageforschung* an einem der führenden Lehrstühle Europas widmen.

Die Vorhersagekraft von systempolymetrischen Data-Mind-basierten Forschungsmethoden habe ich nicht nur innerhalb meiner Dissertation untersucht, sondern auch auf Kongressen, Konferenzen und Tagungen mit Politikwissenschaftlern intensiv und erfolgreich diskutiert.

Des Weiteren kann ich auf aktuelle **Veröffentlichungen** in relevanten Fachpublikationen (z.B. Zeitschrift für Politik und Zeitgeschichte) verweisen.

♦ ♦ ♦ ♦ ♦ ♦ ♦ Ich freue mich auf ein persönliches Gespräch mit Ihnen und grüße Sie ♦ ♦ ♦ ♦ ♦ ♦ ♦

Sofia Melcher

Sofia Melcher ♦ Politikwissenschaftlerin

Trillerweg 7 ♦ 55116 Mainz ♦ Tel. 0172 98979522 ♦ sofia.melcher@gmx.de ♦ xing.com/profile/sofia_melcher

05.02.1989	Geburtsdatum
Wiesbaden	Geburtsort
unverheiratet	Familienstand
ortsungebunden	

PROFIL

Innovativ orientierte Medienwirkungsanalysen
Erfolgsparameter von Forschungsmethoden

Forschung

Rezeption von politischen Inhalten
Krisenbegriffe der Postmoderne

Schwerpunkte

Sofia Melcher ♦ Politikwissenschaftlerin

Trillerweg 7 ♦ 55116 Mainz ♦ Tel. 0172 98979522 ♦ sofia.melcher@gmx.de ♦ xing.com/profile/sofia_melcher

AKADEMISCHE LAUFBAHN

	Universität Mainz
Promotionsstudium Politik- und Medienwissenschaft Thema: „Medienwirkungsforschung bei politischen Parteien – Methodenspektrum und Vorhersagekraft" Abschluss (geplant 2017): Dr. phil.	Seit 2013
Masterstudium Politik- und Kommunikationswissenschaft Abschluss: Master of Arts (Note: 1,2)	2011 – 2013
Bachelorstudium Politikwissenschaft Abschluss: Bachelor of Arts (Note: 1,3)	2007 – 2011

SCHULE

	Heine Gymnasium Wiesbaden
Abitur Leistungskurse: Deutsch, Philosophie Projektarbeit: Das Schülerparlament (Note 1,2)	2007

Sofia Melcher ♦ Politikwissenschaftlerin

Trillerweg 7 ♦ 55116 Mainz ♦ Tel. 0172 98979522 ♦ sofia.melcher@gmx.de ♦ xing.com/profile/sofia_melcher

KONFERENZEN | TAGUNGEN

	Vorträge
Fachtagung Politische Diskurse: „Politik und Medien"	2017
Internationale Politikkonferenz: „Krise der Politik"	2016

	Teilnahme
Politikforum Mainz	2016
Medienkompetenz-Tage Saarbrücken	2015
Medienmacher	Mediennutzer Berlin	2014

WISSENSCHAFTLICHE PUBLIKATIONEN

Zeitschrift für Politik und Zeitgeschichte: „Anforderungen an die Medienkompetenzen von Rezipienten"	2016
Zeitschrift für Kommunikations- und Medienwissenschaft: „Politische Macht und kompetente Mediennutzung"	2015

SONSTIGES

Englisch (sehr gut) Spanisch (gut)	Fremdsprachen
MS Office, SPSS, Slack, Asana	Software, Apps
Marathonlauf, Wiener Philharmoniker	Interessen

Mainz, 20.04.2017

Sofia Melcher

An: h.westmeier@uni-mannheim.de

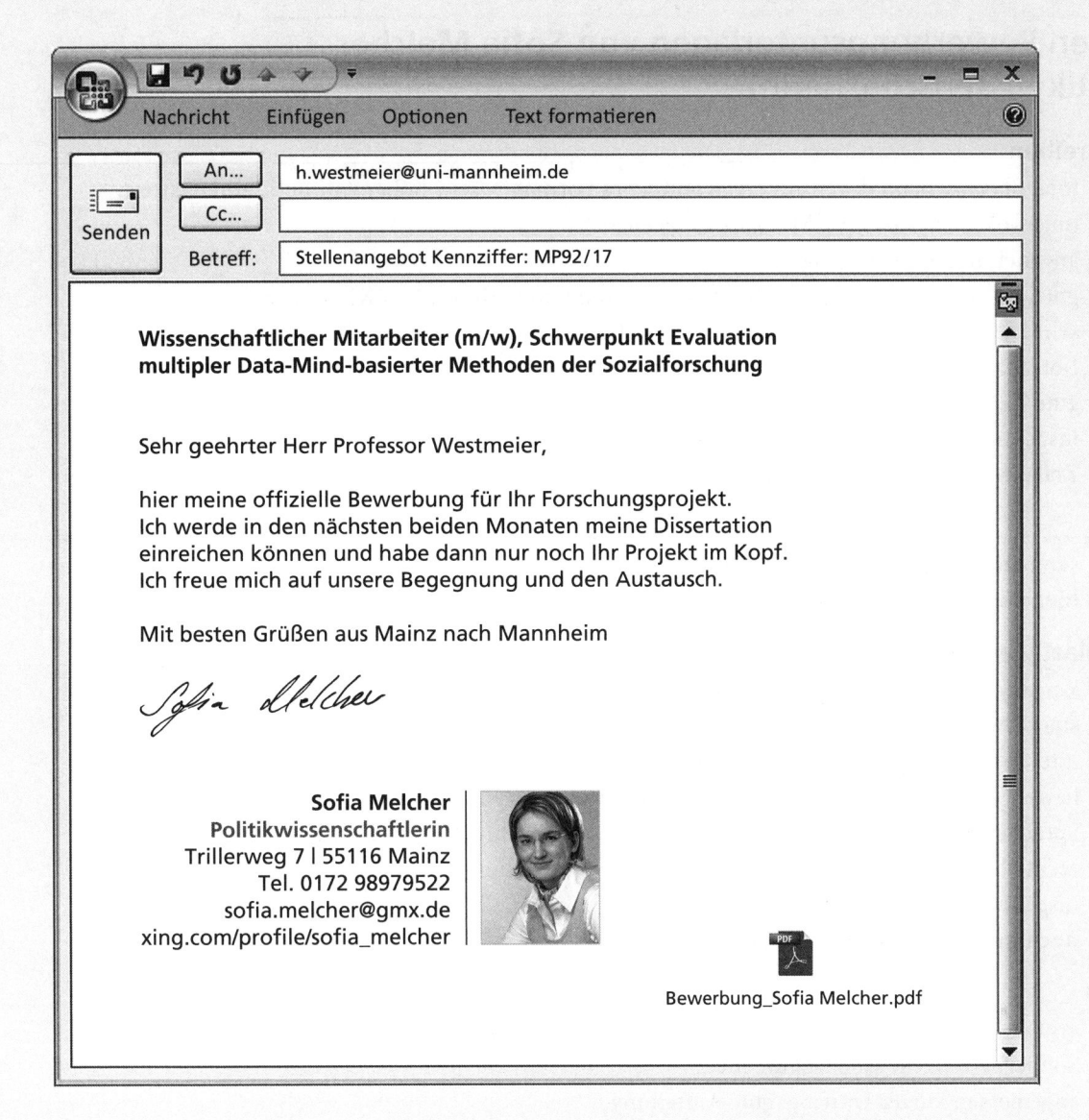

Betreff: Stellenangebot Kennziffer: MP92/17

Wissenschaftlicher Mitarbeiter (m/w), Schwerpunkt Evaluation multipler Data-Mind-basierter Methoden der Sozialforschung

Sehr geehrter Herr Professor Westmeier,

hier meine offizielle Bewerbung für Ihr Forschungsprojekt.
Ich werde in den nächsten beiden Monaten meine Dissertation einreichen können und habe dann nur noch Ihr Projekt im Kopf.
Ich freue mich auf unsere Begegnung und den Austausch.

Mit besten Grüßen aus Mainz nach Mannheim

Sofia Melcher

Sofia Melcher
Politikwissenschaftlerin
Trillerweg 7 | 55116 Mainz
Tel. 0172 98979522
sofia.melcher@gmx.de
xing.com/profile/sofia_melcher

Bewerbung_Sofia Melcher.pdf

Zu den Bewerbungsunterlagen von Sofia Melcher (Politikwissenschaftlerin)

Anschreiben

- total überraschend durch außergewöhnliches Format → sehr hoher Aufmerksamkeitswert
- ungewöhnliches Design, Mut zum Querformat
- angenehm kurzer Umfang
- gute Absendergestaltung mit Berufsbezeichnung und Hinweis auf XING-Profil
- sehr kreativer Start nach Anrede und Betreffzeile
- Botschaft kommt sehr gut rüber, weil total fokussiert
- gute Zeilenführung, sehr viele optische Signale
- insgesamt außergewöhnlich einfallsreich

TIPP **Zeile mit Ort und Datum einfügen**

Foto

- sympathisches, gut gemachtes Foto

TIPP **hier wäre ein Querformat noch besser**

Deckblatt / Lebenslauf

- konsequente Fortsetzung des Querformats → wieder hoher Aufmerksamkeitswert
- starke optische Signale durch Querformat und Foto
- interessanter, ungewöhnlicher inhaltlicher Aufbau
- harter Start ohne Schnörkel, kurz, aber informativ
- Sprache, Stil und Zeilenführung ermöglichen einen schnellen Überblick
- recht kleiner Umfang und sehr ungewöhnliche Aufteilung → Aufmerksamkeitssteigerung
- insgesamt gut gelöste, kreative Bewerbung

TIPP **noch mehr wichtige Details herausarbeiten**

E-Mail

- großer Überraschungs- und Aufmerksamkeitseffekt durch das Foto im Abbinder
- Sonderbetreffzeile ist eine gute Idee
- angemessen kurzer Umfang, gute Aufteilung
- eingescannte Unterschrift sehr schön
- guter Verweis auf Beruf der Bewerberin im Abbinder
- sprachlich und stilistisch alles gut auf den Punkt gebracht

TIPP **eventuell ein PS einbauen und eine etwas ausgefallenere Schrifttype verwenden**

2. Lektion   Ihr Bewusstsein ist von entscheidender Bedeutung

Ganz wichtig für Sie und Ihr Bewerbungsvorhaben: ein neues Bewusstsein und damit verbunden ein ganz anderes Verständnis für Ihre Rolle und Aufgabe jetzt. Sie sind nicht einfach Arbeitnehmer, auch wenn Sie noch eine Lohnsteuerkarte haben. Denn eigentlich sind doch **S i e** der wahre Arbeitgeber, denn Sie wollen ja Ihre Dienstleistung, Ihre Mitarbeit »verkaufen«. So verstanden sind Sie Unternehmer und auf der Suche nach einem Kunden, dessen Probleme Sie lösen helfen. Diese Sichtweise verändert alles. Jetzt verstehen Sie auch besser, warum Sie Werbung und Marketing – in eigener Sache – betreiben sollten.

Überlegen Sie sich genau, was Sie Ihrem Empfänger und potenziellen Auftraggeber über Ihre Kompetenz, Leistungsmotivation und Wesensart (Persönlichkeit) mitteilen wollen und wie Sie dies tun.

Sarah Cranach
Grafikdesignerin

Zeisigweg 26
50444 Köln
Tel. 0157 89490406
sarah@surprise.net

Biermann & Söhne
Wanda Woodpecker
Espemsteig 36
50967 Köln

19. Januar 2017

**Bewerbung als Grafikdesignerin (B. A.)
im Bereich Creation**

Sehr geehrte Frau Woodpecker,

nach unserem ausführlichen und wie ich finde sehr angenehmen Telefonat, für das ich mich nochmals bedanken möchte, erhalten Sie wie besprochen meine vollständigen Bewerbungsunterlagen.

Als Grafikdesignerin verfüge ich bereits über Erfahrungen in verschiedenen Zweigen von Werbeagenturen. Mit dem Wunsch, mich Ihnen vorzustellen, verbinde ich die Hoffnung, Sie davon zu überzeugen, mich mit der Erarbeitung von Kampagnen zu beauftragen.

Zu meinen Stärken gehören konzeptionelles Denken, eine ausgeprägte Kommunikationsfähigkeit sowie planerisches und zielorientiertes Vorgehen in meiner Arbeitsweise.

Mein Wunsch, als Grafikdesignerin im Bereich Creation zu arbeiten, entsteht aus meiner Freude an der Gestaltung von Ideen und meinem Faible für die Kombination von kreativer Arbeit im Ideenfluss eines Teams und den damit verbundenen Stressphasen, die die Realisierung einer termingerechten Präsentation immer mit sich bringt.

Auf die Gelegenheit zu einem persönlichen Gespräch freue ich mich.

Mit freundlichen Grüßen

Sarah Cranach

Anlagen

Bewerbungsunterlagen

Biermann & Söhne
Wanda Woodpecker
Espemsteig 36, 50967 Köln
Tel. 0157 32145567

von **Sarah Cranach,**
Grafikdesignerin (B. A.)
geboren am 29. Oktober 1994
in Schwerin
ledig, ortsungebunden

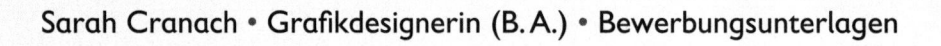

Lebenslauf

Sarah Cranach, Grafikdesignerin (B. A.), 23 Jahre alt

Meine Begeisterung
für Werbung, Gestaltung & Kunst
und
meine Bereitschaft
offen auf Neues zuzugehen und wirklich hinzusehen,
waren Hintergrund für die Wahl meines Studiums.

Beruflicher Hintergrund

Mitarbeit

03/2016 – 01/2017	in der Werbeagentur »Knall & Bunt«, Köln, im Bereich Grafikdesign

Praktikum

10/2015 – 12/2015	Imperial: Wettbewerb um ein Praktikum, drei Monate leben und werben im Apartment, Imperial (CWJ), Düsseldorf
06/2012 – 08/2012	Erste Einblicke in eine Werbeagentur, »Deko-Team«, Köln

Berufsbezogene Aktivitäten

06/2015	Teilnahme am Werbekongress, Düsseldorf: »Vergleichende Werbung«, Publicis
06/2014	Aufstieg zu den zwölf besten Teams Teilnahme am Werbekongress: »Kreative Wege aus der Krise«, McFan-Dirkson: 3. Platz

Veröffentlichungen

06/2015	In der »w&v« und »Horizont« Vorstellung der drei besten Kampagnen des Werbekongresses 2015

Sarah Cranach • Grafikdesignerin (B. A.) • Bewerbungsunterlagen

Bildungshintergrund

Studium

2016	Abschlussarbeit »Kommunikationskampagne für den Bundesverband deutscher Filmprodukthersteller« Note gut
seit 04/2013	Grafikdesign, Bachelor of Arts Technische Kunstschule Köln

Schule

2001 – 2013	Grundschule und Gymnasium in Münster Abschluss: allgemeine Hochschulreife, Note: gut

Sprachen

Englisch	gute Kenntnisse
Französisch	Grundkenntnisse

Interessen

Mode und europäischer Jazz
Wanderungen am Meer
Kochen mit Freunden, mediterrane Küche

Köln, 19. Januar 2017

Sarah Cranach

Sarah Cranach • Grafikdesignerin (B.A.) • Bewerbungsunterlagen

Zu den Bewerbungsunterlagen von Sarah Cranach (Grafikdesignerin)

Anschreiben
- vorbildliche, aufmerksamkeitssteigernde Nennung des Berufs der Bewerberin
- schlichtes, klares Design, angenehm leichter Eindruck und Leserfreundlichkeit durch nicht zu volle Anschreibenseite
- gut gestaltete Betreffzeile, guter Einstieg dank des Vorabtelefonates
- kurz, aber ordentlich getextet → Vermittlung der wichtigen Botschaften Motivation und Leistungsversprechen

TIPP **in den Adressdaten des Empfängers vor dem Namen der Ansprechpartnerin die Anrede »Frau« einfügen, Zeilenführung und Umbruch noch besser gestalten**

Deckblatt
- sehr angenehm durch eine Mischung aus Schlichtheit und außergewöhnlichen Elementen
- gute Aufteilung, angemessener Umfang
- besondere optische Signale durch Hintergrund und Headlines

TIPP **möglichst auf die eigene Website oder ein Profil in Business-Netzwerken hinweisen**

Foto
- sehr sympathisch, strahlt Selbstbewusstsein aus, erhöht Aufmerksamkeit
- gutes Format, schöne Platzierung

TIPP **gutes Beispiel für schönen Anschnitt am Kopf**

Lebenslauf
- einfacher, klarer Stil, sehr ästhetisch und leserfreundlich
- aufmerksamkeitssteigernder Abschnitt zur persönlichen Motivation zu Beginn → gute Alternative zur 3. Seite, so kann man auch mit ganz wenig Text Aufmerksamkeit bewirken
- gute Themenauswahl und Aufteilung
- sehr ansprechend getextete Informationen zu den Interessen → interessante Details

TIPP **gutes Beispiel für eine interessante, optisch angereicherte, aussagekräftige Bewerbung**

3. Lektion — Genau das zählt: Ihre Botschaft, Ihr Angebot, Ihre Motivation

Darum geht es: Ihre persönliche Botschaft (»Ich bin Ihr Problemlöser«) dem Empfänger überzeugend zu vermitteln und rüberzubringen, was Sie dafür auszeichnet und was Sie persönlich motiviert.

Denn in der Regel entscheiden Ihre schriftlichen Unterlagen, ob sich auf Auswählerseite Interesse an Ihrer Person und Mitarbeit entwickelt und man Sie näher kennenlernen will.

Häufig wird zuallererst nur mit Ihnen telefoniert. Seien Sie darauf gut vorbereitet.

MARIE VOGL – Gesellschafts- und Kommunikationswissenschaftlerin B. A.

KURZ PROFIL

Marie Vogl

EASY KONTAKT

Günther-Radlof-Straße 23 | 40548 Düsseldorf
Tel.: 01561 12332562 | E-Mail: marie.vogl@web.de
Xing: www.xing.com/profile/marie_vogl

HARD FACTS

23 Jahre, ledig, ortsungebunden
03/2017 Abschluss Gesellschafts- und Kommunikationswissenschaft, B. A.
Praktika/Hospitationen: Publicis, Siemens, ZDF
Schwerpunkte: PR, Digital Branding, Social Web
MS Office, Photoshop
Fremdsprachen: Englisch, Französisch, Spanisch

BEST REFERENCES

Dr. Peter Müller-Armbrust
Creative Director von Media Plan Hamburg
Ericusspitze 11, 20457 Hamburg
Tel: 040 211 25 91 17 | E-Mail: p.arm@media-plan

SOFT SKILLS

Hohe Kommunikationskompetenz
Selbstmotivierend, zielorientiert
Empathische Teamplayerin

Vorderseite

Sehr geehrte Frau Gehrke,

hätten Sie ein paar Minuten Zeit für mich? Ich möchte mich Ihnen gerne vorstellen.

Blättern Sie doch einfach mal um ...

MEIN ZIEL

... ist es, bei Ihnen als PR-Assistentin zu arbeiten. Mein Wissen, Engagement und meine Erfahrung in den Dienst der KBM Consulting zu stellen ...

Düsseldorf, 3. April 2017

Marie Vogl

... und deshalb bewerbe ich mich

Marie Vogl
Gesellschafts- und
Kommunikationswissenschaft B. A.

Günther-Radlof-Straße 23
40548 Düsseldorf
Tel.: 01561 12332562
marie.vogl@web.de

Möchten Sie mehr über mich wissen? Dann blättern Sie noch einmal um.

Zugeklappt

MEINE PLUSPUNKTE

- entscheidungsstark
- selbstkritisch
- unternehmerisches Denken
- kundenorientiertes Handeln
- zukunftsorientiert mit Augenmaß für das Machbare
- überzeugende fachliche Voraussetzungen
- starke Lernbereitschaft

und nicht zu vergessen:
großer Spaß an der Arbeit!

Einmal aufgeklappt

MEINE WICHTIGSTEN DATEN

geboren am 12.08.1993 in Paderborn
ledig, ortsungebunden

B. A. in Gesellschafts- und Kommunikationswissenschaft

Hospitation:
Programmplanung (ZDF, Mainz) 2017

Praktika:
u. a. in den Bereichen Digital Strategies, Marktforschung, Social Media Planung (Publicis AG, Siemens AG)

Studienschwerpunkte:
Kommunikationsplanung, Textkommunikation, Social Media Planung

Weiterbildung:
Teilnahme an diversen Fachveranstaltungen

SONSTIGES

Fremdsprachen
    Englisch ●●●●●
    Französisch ●●●○○
    Spanisch ●●○○○

Software
    MS Office ●●●●○
    Photoshop ●●●○○

Interessen
    Kochen (asiatische Küche)
    Musik (Jazz)

Düsseldorf, 03.04.2017

Marie Vogl

Gesellschafts- und Geisteswissenschaften / Marie Vogl / Bewerbungsflyer ▶ Kommentar Seite 52

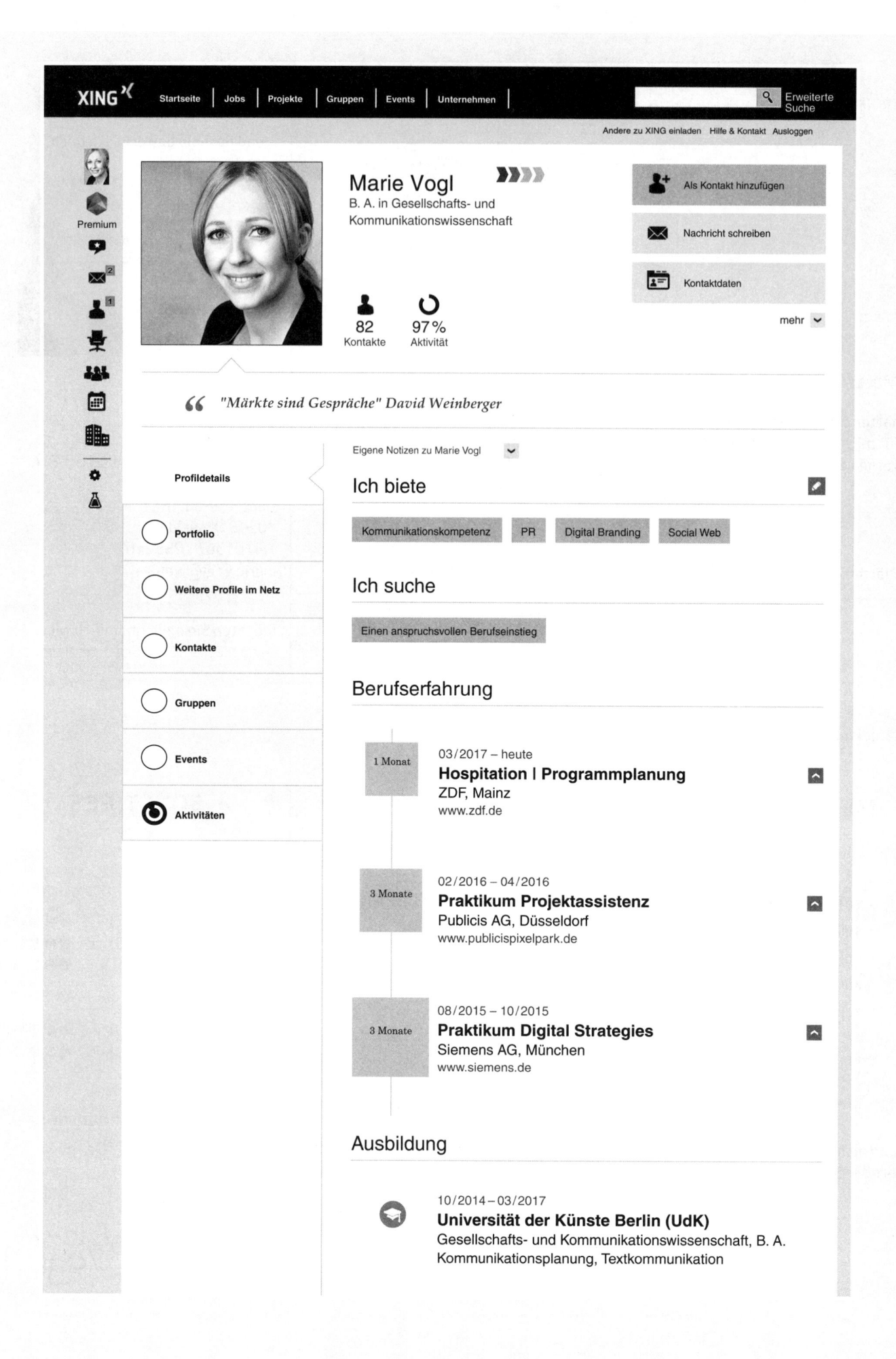

XING | Startseite | Jobs | Projekte | Gruppen | Events | Unternehmen

Erweiterte Suche

Andere zu XING einladen   Hilfe & Kontakt   Ausloggen

Premium

Marie Vogl
B. A. in Gesellschafts- und Kommunikationswissenschaft

82 Kontakte   **97 %** Aktivität

- Als Kontakt hinzufügen
- Nachricht schreiben
- Kontaktdaten

mehr

> *"Märkte sind Gespräche"* David Weinberger

Eigene Notizen zu Marie Vogl

Profildetails
- Portfolio
- Weitere Profile im Netz
- Kontakte
- Gruppen
- Events
- Aktivitäten

Ich biete

Kommunikationskompetenz | PR | Digital Branding | Social Web

Ich suche

Einen anspruchsvollen Berufseinstieg

Berufserfahrung

1 Monat — 03/2017 – heute
Hospitation | Programmplanung
ZDF, Mainz
www.zdf.de

3 Monate — 02/2016 – 04/2016
Praktikum Projektassistenz
Publicis AG, Düsseldorf
www.publicispixelpark.de

3 Monate — 08/2015 – 10/2015
Praktikum Digital Strategies
Siemens AG, München
www.siemens.de

Ausbildung

10/2014 – 03/2017
Universität der Künste Berlin (UdK)
Gesellschafts- und Kommunikationswissenschaft, B. A.
Kommunikationsplanung, Textkommunikation

XING

Startseite | Jobs | Projekte | Gruppen | Events | Unternehmen

Erweiterte Suche

Andere zu XING einladen   Hilfe & Kontakt   Ausloggen

Premium

- Profildetails
- Portfolio
- Weitere Profile im Netz
- Kontakte
- Gruppen
- Events
- Aktivitäten

Sprachen

Deutsch (Muttersprache)

Englisch (Fließend)

Französisch (Gut)

Spanisch (Grundkenntnisse)

Interessen

Asiatische Küche   Jazz

Persönliches

Geburtstag
12. August 1993

Gesellschafts- und Geisteswissenschaften / Marie Vogl / Xing-Profil   ▶ Kommentar Seite 52

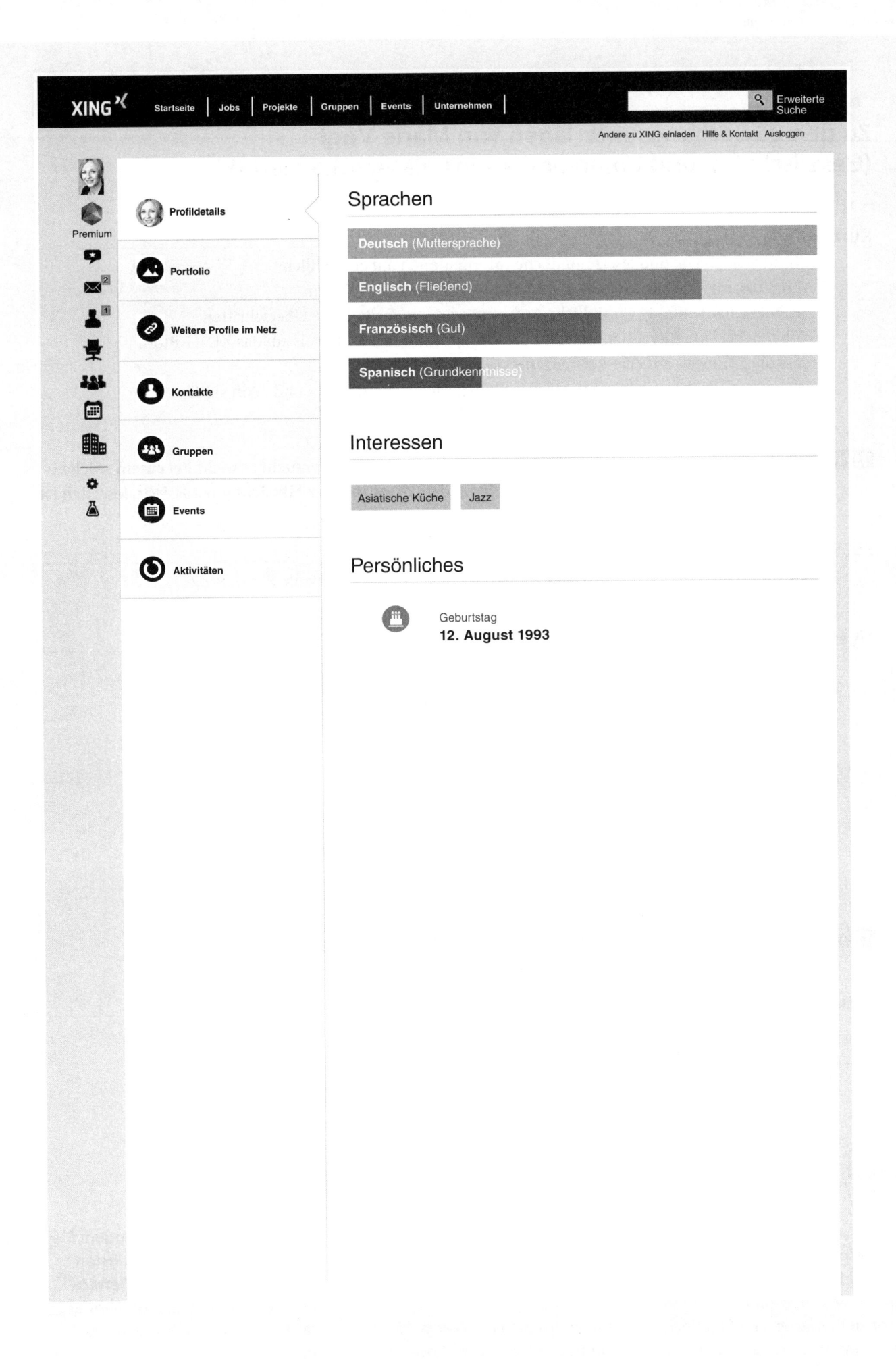

Zu den Bewerbungsunterlagen von Marie Vogl (Gesellschafts- und Kommunikationswissenschaftlerin)

Kurzprofil
- sehr übersichtliche und leserfreundliche Informationen auf einen Blick
- Aufmerksamkeitssteigerung durch leichtes, unaufdringliches Design
- angemessener Umfang, vorbildliche Aufteilung, kreativ formulierte Überschriften
- vorbildliche Absendergestaltung mit Berufsbezeichnung und Hinweis auf das XING-Profil
- sinnvoller Hinweis auf eine Referenzadresse
- gelungene Selbstbeschreibung unter den Kurzrubriken » hard facts « und » soft skills «
- hoher Informationsgehalt, spricht Verstand und Gefühle an
- sehr guter Sprachstil und optimale Zeilenführung

TIPP Empfänger, Betreffzeile, Anrede, Ort, Datum und Unterschrift braucht es nicht bei einem solchen Kurzprofil, bei der Unterschrift darauf achten, dass diese in jeder Hinsicht gut aussieht, leserlich ist, unbedingt in blau oder schwarz

Foto
- sympathisches Foto mit hohem Aufmerksamkeitswert durch effektvolle Platzierung
- positiv unterstützt durch das Gesamtdesign, den Kopf-Anschnitt und die Unterschrift

Flyer
- spezielle Form der Kurzbewerbung, unterschiedliche Formate möglich, vielfältige Gestaltungsmöglichkeiten
- geeignet sowohl als Kurz- wie auch als Initiativbewerbung, weckt Aufmerksamkeit, Interesse und Neugier
- besondere Art der Visitenkarte, schnell verfügbar bei Erstkontakten auf Messen oder sonstigen Treffen mit potenziellen Arbeitgebern
- händisch überreichbar → außergewöhnlich
- guter textlicher Einstieg, aufmerksamkeitssteigernd
- eher schlichte Gestaltung, die aber ihren Zweck erfüllt
- größte Herausforderung: mit wenig Text auskommen und die Essentials des Angebots herausarbeiten → in diesem Beispiel sehr gut gelungen

TIPP zum Zuschneiden ein Schneidegerät verwenden, durch ein besonderes Papier kann es auch haptisch zu einem positiven Gefühlserlebnis kommen

Social-Media-Profil
- kurz und knapp
- gute Möglichkeit zur Vermittlung beruflicher Kompetenzen
- inhaltlich ausgeklügeltes Profil extrem wichtig für die Bewerbungsphase

4. Lektion Herausforderungen, Verdienste, Erfolge

Nur wenige Bewerber geben bislang besondere Herausforderungen und Erfolge in ihren Unterlagen an. Am Ende zählt für einen potenziellen Arbeitgeber jedoch, was er Ihnen zutrauen kann. Helfen Sie ihm bei seiner Entscheidung, indem Sie sich als hoch motivierten und leistungsstarken neuen Mitarbeiter beschreiben.

Nutzen Sie also die Gelegenheit und heben Sie sich in diesem Punkt positiv von der breiten Masse der Bewerber ab, indem Sie kurz und knapp die wichtigsten von Ihnen gemeisterten Herausforderungen und Erfolge nennen. Das hat nichts mit Selbstlob zu tun!

Julia Lehmann
M. Sc. Public Health

Uhlandstraße 11
36041 Fulda
Mobil: 0151 50264131
E-Mail: julia.lehmann@gmx.net

An den
AWO Präventionsfachdienst
Münchner Str. 104
36542 Fulda

Fulda, 25. Juli 2017

Mitarbeiterin für den Präventionsfachdienst
Ihre Anzeige auf www.monster.de

Sehr geehrter Herr Dr. Kern,
sehr geehrte Damen und Herren,

rund 80 000 Stunden unseres Lebens verbringen wir am Arbeitsplatz und unser Berufsleben hat dadurch bedingt auf sämtliche private Lebensbereiche einen entscheidenden Einfluss. Nur wenn wir ein zufriedenes Berufsleben führen und uns ein angemessenes Maß an Stress durch den beruflichen Alltag begleitet, können wir wahrscheinlich auch ein psychisch und physisch gesundes Leben führen. Davon profitieren nicht nur wir selbst, sondern auch die Arbeitgeber und die gesamtwirtschaftliche Situation eines Landes. Aufgrund dieser sehr weitreichenden Einflüsse und meiner eigenen Freude an einer ausgewogenen Work-Life-Balance gilt insbesondere der betrieblichen Gesundheitsprävention mein ganzes Interesse.

Neben meinem Studium im Bereich Public Health konnte ich bereits diverse Erfahrungen in der Gesundheitsprävention sammeln. So habe ich während eines Praktikums im internen betrieblichen Gesundheitsmanagement bei der AWO einen Gesundheitstag selbstständig konzipiert, organisiert und erfolgreich durchgeführt. Zudem habe ich im Frauenhaus die Konzeption und Durchführung von Beratungsangeboten zum Thema *Sucht und Rauchen* übernommen und in der Schweiz an der Evaluierung des Projektes „Gesunde Gemeinde" zur regionalen Gesundheitsförderung in Genf mitgewirkt.

Julia Lehmann
M.Sc. Public Health

Darüber hinaus verfüge ich auch noch durch meine ehrenamtliche Tätigkeit und die intensive Begleitung eines DRK-Projektes zur psychischen Gesundheit in Familien in München über weitere erste praktische Erfahrungen in der Gesundheitsprävention.

Hier habe ich die Leiter eines sozialen Projektes beraten und zudem selbstständig und erfolgreich Vorträge gehalten und Workshops zu den Themen Stressmanagement, Work-Life-Balance, Zeitmanagement, Sensibilisierung für die Themen Gesundheits- und Burn-out-Prävention konzipiert und erfolgreich durchgeführt. Mit meiner Freude am Umgang mit verschiedensten Menschen sowie mit ausgeprägter Kommunikationsstärke und Begeisterungsfähigkeit ist es mir gelungen, viele Teilnehmer für diese Themen zu interessieren und zu sensibilisieren.

Ich bin es gewohnt, meine Aufgaben sehr zielstrebig und absolut eigenverantwortlich zu erledigen, lege aber auch größten Wert auf eine zuverlässige und teamorientierte, gute Zusammenarbeit mit Kollegen, weil wir meiner Meinung nach die anspruchsvollsten Ziele nur erreichen können, wenn wir einander mit unseren fachlichen Kompetenzen und unseren persönlichen Fähigkeiten ergänzen und voneinander profitieren. Zudem habe ich große Freude daran, mich selbstständig und umfangreich innerhalb kurzer Zeit in neue Themen einzuarbeiten.

Sehr gerne möchte ich künftig für den AWO Präventionsfachdienst tätig werden und mit großem Engagement und fachkompetenten Konzepten einen entscheidenden Beitrag zur Erhöhung der psychischen und physischen Gesundheit von Arbeitnehmern und somit auch zum wirtschaftlichen Erfolg der Unternehmen in der Region leisten.

Ich freue mich auf eine positive Nachricht und Ihre Einladung zum Vorstellungsgespräch.

Mit freundlichen Grüßen

Julia Lehmann

Anlagen

Julia Lehmann
M. Sc. Public Health

KURZPROFIL & PERSÖNLICHE DATEN

geboren am 22. Januar 1991 in Nürnberg,
aufgewachsen in München, dort die Waldorfschule besucht und Abitur gemacht

- Fundierte akademische Ausbildung im Gesundheitswesen
- Erfahrung im Bereich Gesundheitsprävention:
  - Praktikum im internen betrieblichen Gesundheitsmanagement bei der AWO mit selbstständiger Konzeption, Organisation und erfolgreicher Durchführung eines Gesundheitstages
  - Konzeption und Durchführung von Beratungsangeboten zum Thema Sucht und Rauchen im Frauenhaus
  - Evaluation des Projektes „Gesunde Gemeinde" zur regionalen Gesundheitsförderung in Genf
  - Ehrenamtliches DRK-Projekt zur psychischen Gesundheit in Familien in München mit der Beratung der Projektleiter vor Ort sowie mit der selbstständigen Konzeption und Durchführung von Vorträgen und Workshops
- Ausgeprägte kommunikative Stärke und Begeisterungsfähigkeit
- Offenes und souveränes Auftreten
- Große Begeisterung für die heute überaus wichtige Gesundheitsprävention

Uhlandstraße 11
36041 Fulda
Mobil: 0151 50264131
E-Mail: julia.lehmann@gmx.net

Julia Lehmann
M.Sc. Public Health

LEBENSLAUF

Studium

10.2013 – 08.2016 **Masterstudiengang Public Health**
Universität Kassel
> Thema der Masterarbeit: Gruppen- und Einzeltherapie aus Patientensicht, Note: gut (1,6)
> Abschluss: Master of Science
> Abschlussnote: gut (2,0)

10.2010 – 09.2013 **Bachelorstudiengang Health Communication**
Universität Bremen
> Thema der Bachelorarbeit: Übergang aus dem Krankenhaus in die häusliche Versorgung – Möglichkeiten eines Pflegerischen Entlassungsmanagements, Note: sehr gut (1,4)
> Abschluss: Bachelor of Science
> Abschlussnote: gut (1,7)

Schulbildung

08.1996 – 06.2009 **Freie Waldorfschule München**
> Abschluss: Allgemeine Hochschulreife (Note: 2,5)

Praktika

10.2015 – 12.2015 **Praktikum Masterarbeit**
Rehaklinik für Psychosomatische Gesundheit, Genf
> Wissenschaftliche Arbeit zum Thema: Gruppen- und Einzeltherapie aus Patientensicht

06.2015 – 08.2015 **Freiwilliges Praktikum**
Rehaklinik für Psychosomatische Gesundheit, Genf
> Patientenbetreuung
> Mitarbeit in Qualitätsmanagement und Forschung

10.2014 **Freiwilliges Praktikum**
AWO Kassel
> Internes Betriebliches Gesundheitsmanagement
> Beratung und Betreuung im AWO Frauenhaus
> Selbstständige Konzeption, Organisation und erfolgreiche Durchführung eines Gesundheitstages

02.2012 **Freiwilliges Praktikum**
Hochgebirgsklinik Davos (CH)
> Mitarbeit in der Asthmaschulung und Beratung von Patienten (Einzel- und Gruppenschulungen)
> Vorbereitung von Vorträgen
> Hospitation und Unterstützung bei der Stationsarbeit: Führen von Gesprächen mit den Patienten (Kindern) und ihren Eltern, Patientenaufnahme, Visiten, Notfälle, Pflege inkl. Medikamentenvergabe

Julia Lehmann
M. Sc. Public Health

LEBENSLAUF

Finanzierung des Studiums

08.2015–12.2015	**Mitarbeiterin in der Gesundheitsprävention**

Institut für Statistik, Genf
- Mitarbeit in der Evaluierung des Projektes „Gesunde Gemeinde"
- Anwendung qualitativer und quantitativer Forschungsmethoden
- Durchführung von Befragungen

11.2014–05.2015 **Rufbereitschaft**

Frauenhaus der AWO Kassel
- Konzeption und Durchführung von Beratungsangeboten zum Thema Sucht im Allgemeinen und Rauchen

2006–2009 **Interviewerin**

SOKO Institut für Sozialforschung & Kommunikation, Bielefeld
- Fahrgastbefragung bei der Deutschen Bahn
- Telefonische Interviews im Bereich der Sozialforschung

Auslandsaufenthalte

08.2016–06.2017	Fahrradreise durch Asien
2012–2015	Verschiedene Praktika in der Schweiz
2009–2010	Work and Travel in Australien (zehn Monate)

Jobs

2006–2009	Nachhilfelehrerin in der Nachbarschaft
2007–2013	Leiterin Ferienspiele (Sommerferien, Vollzeit) Ottersberg

- Fachliche und disziplinarische Führung der vier Mitarbeiter
- Planung und Organisation des Freizeitprogrammes
- Leitung des Freizeitprogrammes

2004–2007 Betreuerin Ferienspiele (Sommerferien, Vollzeit) Ottersberg

Sonstiges

IT-Kenntnisse
Word, Excel, PowerPoint (sehr gut), SPSS (gut)

Führerschein
Klasse BE, eigenes Auto vorhanden

Hobbys
Squash, Kulturen fremder Länder

Fulda, 25. Juli 2017

Julia Lehmann

Julia Lehmann
M.Sc. Public Health

Zu meiner ehrenamtlichen Tätigkeit für die DRK in München-Hasenbergl

Aufgrund meiner großen **Begeisterung für das Thema Gesundheitsprävention** und psychische Gesundheit in Familien **begleite ich seit zwei Jahren intensiv** ein soziales **Projekt in München-Hasenbergl**. Dieses hat die Schaffung von Heimarbeitsplätzen für Frauen zum Ziel, die so die Möglichkeit bekommen, neben Haushaltsführung und Kinderbetreuung einen existenziell notwendigen Beitrag zum monatlichen Einkommen ihrer Familien zu erzielen.

Zudem führt die Arbeit der Frauen, die bei freier Zeiteinteilung und einem fairen Lohn in Heimarbeit tätig sind, zu einem **gesteigerten Selbstwertgefühl**, das sie bislang kaum kennengelernt haben. Sie erleben **Freude** an dem, was sie herstellen, die **Wertschätzung** der Kunden, die in zahlreichen positiven Feedbacks Ausdruck findet, vor allem aber erleben sie sich als **vollwertige Mitverdiener** in den Familien.

Und so hat diese Arbeit der Frauen eine entscheidende Auswirkung auf die psychische und physische Gesundheit der Familien.

Durch die **Beratung der Projektleiter vor Ort** und durch **diverse von mir konzipierte und durchgeführte Workshops und Vorträge** ist es mir gelungen, innerhalb von zwei Jahren zehn Familien nachhaltig für Themen wie **Stress, Leistungsdruck und den Zusammenhang zwischen psychischem Wohlbefinden und körperlicher Gesundheit** zu sensibilisieren. Inzwischen verdienen zehn Frauen **in einer positiven, wertschätzenden Arbeitsatmosphäre** ein sicheres zusätzliches monatliches Einkommen für sich und ihre Familien.

Ganz besonders aufgrund der Tatsache, dass in diesem Stadtteil das Bewusstsein für viele Lebensbereiche und besonders für das Berufsleben noch keinen Einzug gehalten hat, **freue ich mich sehr über die Erfolge**, die ich bislang mit den Familien erreichen konnte.

An... kern@awo-fulda.de
Cc...
Betreff: Mitarbeiterin für den Präventionsfachdienst / Ihre Anzeige auf www.monster.de

Sehr geehrter Herr Dr. Kern,
sehr geehrte Damen und Herren,

anbei meine kompletten Bewerbungsunterlagen.
Ich freue mich auf ein Kennenlerngespräch.

Mit freundlichen Grüßen

Julia Lehmann
M. Sc. Public Health

Uhlandstraße 11
36041 Fulda
Mobil: 0151 50264131
E-Mail: julia.lehmann@gmx.net

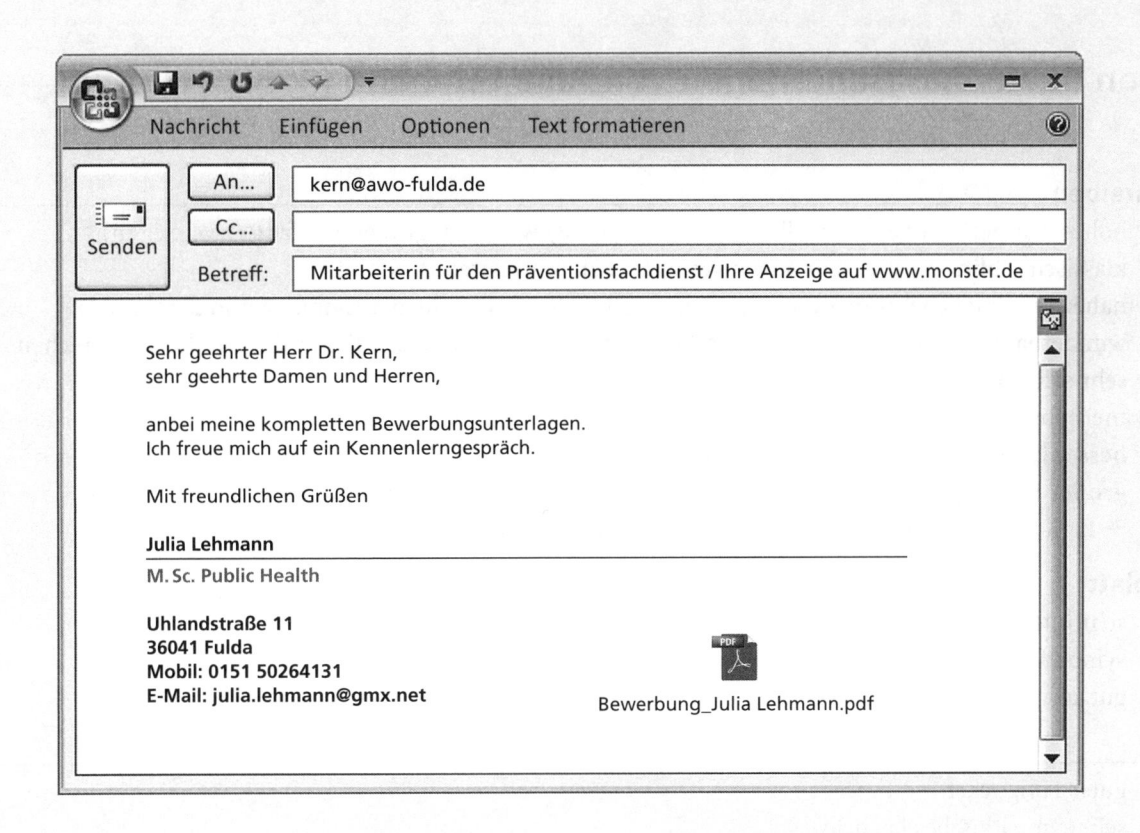

Bewerbung_Julia Lehmann.pdf

5. Lektion — Ein guter Leitfaden für die Erstellung Ihrer Unterlagen

Mittels dieser Formel erzielt man Aufmerksamkeit:

A (attention):
Aufmerksamkeit erzeugen
I (interest):
Interesse wecken
D (desire):
Wunsch auslösen, den Bewerber näher kennenzulernen
A (action):
die Einladung zum Vorstellungsgespräch auslösen

Es geht um den ersten guten Eindruck. Ziel muss es sein, Aufmerksamkeit und Interesse (Neugierde und Hoffnung) zu wecken, um den Schritt »Einladung zum Vorstellungsgespräch« auszulösen. Stellen Sie alle wichtigen Argumente, die Sie vorzubringen haben (Können, Erfolge, Motivation, Persönlichkeit), in kurzer, komprimierter Form dar.

Je mehr Wertschätzung Sie Ihrem potenziellen Auftraggeber durch eine gründlich vorbereitete und durchdachte Bewerbung entgegenbringen, desto höher Ihre Chance, zum Vorstellungsgespräch eingeladen zu werden. Es lohnt sich.

Zu den Bewerbungsunterlagen von Julia Lehmann (Public Health)

Anschreiben
- hoher Aufmerksamkeitswert allein schon durch ungewöhnlich großen Umfang (zwei Seiten)
- klassisch schlichtes, aber sehr angenehmes Design mit Hintergrundbild
- nahezu vorbildliche Absendergestaltung, vorbildliche Ansprache der Empfänger in der Anrede
- wunderbar getextete, gut vorgetragene Botschaften und Argumente, die für die Kandidatin sprechen
- sehr selbstbewusste Verabschiedung
- meistens recht gute Zeilenführung, die man aber noch verbessern könnte

TIPP besser im Adressenfeld die Empfänger nennen,
großer Umfang muss inhaltlich gerechtfertigt sein, was bei diesem Anschreiben der Fall ist
→ kein »Blabla«, im Zweifelsfall lieber auf eine Seite beschränken

Deckblatt
- sehr interessant und gut getextet, mit hohem Aufmerksamkeitswert
- sympathisches Design, gute Blattaufteilung
- gut ausgewähltes, sorgfältig formuliertes Profil, beste Selbstdarstellung

Foto
- guter Hingucker
- sehr sympathisches Lächeln

TIPP Kandidatin wirkt etwas jung, daran könnte der Fotograf etwas ändern

Lebenslauf
- positiver erster Eindruck, keine grafische Überladung
- minimalistisches Design, schön klar und einfach, nach dem umfangreichen Anschreiben und dem aufwendigen Deckblatt genau richtig
- insbesondere die 2. Seite vermittelt den Eindruck einer aktiven, mutigen und fleißigen jungen Frau

TIPP die Abfolge Studium, Schulausbildung und Praktika könnte man anders handhaben
(z. B. Schulausbildung deutlich weiter hinten)

Dritte Seite
- überraschend, da jetzt ausführlicher Motivationstext
- sehr sorgfältig formulierte und durch viele Fettungen hervorgehobene Textbotschaft, um die besondere Motivation zu unterstreichen

TIPP mit den Fettungen nicht übertreiben, sonst verlieren sie schnell an Wirkung → bei dieser Bewerbung grenzwertig

E-Mail
- absolut minimalistisch, was dann aber durch die weiteren Dokumente wieder aufgelöst wird

Carolin Schönfelder

Nymphenburger Ring 3 | 90487 Nürnberg
Phone 0551 1252367
CSchoenfelder@vhb.de
linkedin.com/pub/cschoenfelder

Anderson Consulting
Herrn Gerald Benn
Altvetterallee 200
50888 Köln

Nürnberg, 20.09.2017

Meine Bewerbung als Consultant
Ihre Anzeige in der FAZ vom 15.09.2017

Sehr geehrter Herr Benn,

nach unserem ausführlichen und, wie ich finde, sehr angenehmen Telefonat, für das ich mich nochmals bei Ihnen sehr herzlich bedanken möchte, hier meine Unterlagen.

Ich bin **Germanistin mit Nebenfach Vergleichende Literaturwissenschaft** und verfüge bereits über erste Berufspraxis bei verschiedenen Aufgaben als Consultant.

Mein Motiv, mich Ihnen vorzustellen, liegt in **meinem Wunsch** begründet, **Unternehmensprobleme zu analysieren und konkreten Lösungen zuzuführen**.

Zu meinen Stärken gehören **konzeptionelles Denken und Kommunikationsfähigkeiten** sowie ein **planerisches und zielorientiertes Vorgehen** in meiner Arbeitsweise.

Wenn ich Ihr Interesse an einer Mitarbeit durch meine Bewerbung geweckt habe, freue ich mich, unser Gespräch bei einem Vorstellungstermin fortzusetzen.

Ich grüße Sie herzlich aus Nürnberg

Carolin Schönfelder

PS: Besonders gerne würde ich an unsere Themen Storytelling und Ethik anknüpfen!

Carolin Schönfelder
Bewerbungsunterlagen

Wer ist …

Carolin Schönfelder

Warum studiert jemand Allgemeine und Vergleichende Literaturwissenschaft und Germanistik?

Bei mir war es das Interesse für die verschiedenen Arten, wie Menschen die Welt sehen, beurteilen und darstellen. Sprache und Literatur sind die Medien, in denen verschiedene Kulturen und Lebensformen ihren stärksten Ausdruck finden. Will man sie wirklich kennenlernen, dann bleibt kein anderer Weg, als ihre Analyse zu erlernen.

Und wie entsteht der Wunsch bei einer Geisteswissenschaftlerin, in einer der größten internationalen Unternehmensberatungen wie der Ihren zu arbeiten?

Mir wurde klar, dass für den wirtschaftlichen Sektor ähnliche Regeln wie für die komplexen Zusammenhänge in Sprache und Kultur, in Literatur und auch in der Arbeitswelt gelten. Meine Erfahrung zeigt mir, dass die wichtigste Aufgabe sehr häufig darin besteht, die richtigen Fragen zu stellen, um Systeme in ihrer Funktionsweise analysieren und gegebenenfalls modifizieren zu können. Ähnliches gilt auch für Literatur und wirtschaftliche Systeme.

Natürlich gehört zu meinen Erfahrungen auch, dass für praktische Veränderungen nicht theoretische Konstruktionen, sondern gewachsene Strukturen prägend sind. Fast immer sind vor allem genaues Beobachten, Zuhören und Verständnis Voraussetzungen für die Lösung eines Problems. In solchen Fällen hilft mir immer wieder mein Interesse für fremde Denk- und Handlungsweisen. Deren genaue Analyse ist jedoch, wie in der Sprache, in der Literatur und in der Arbeitswelt, nur der erste Schritt zu wirklicher Veränderung.

Nürnberg, September 2017

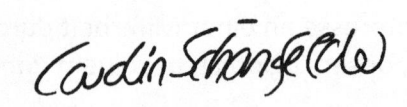

Zur Person Carolin Schönfelder

geboren am 01.04.1993 in Brühl
ledig, ortsungebunden

Tätigkeiten

Seit Mai 2017	Freiberuflicher Consultant Spezialisierung: Social Media und Storytelling
04.2016 – 03.2017	Studentische Hilfskraft am Institut für Vergleichende Literaturwissenschaft der Universität Köln (Prof. Drake) Die Tätigkeit umfasste u. a. die Mitarbeit an Publikationen (offline / online) und Vorträgen
Seit 2016	Mitarbeit in einer Online- und Organisationsberatung
Sommer 2016	Dreimonatiges Praktikum in einer Unternehmensberatung
Sommer 2012	Sechsmonatiges Verlagspraktikum bei Reclam, Stuttgart

Aktivitäten

	Klassische Musik (Klavier), Schach
2007 – 2011	Leitung einer Jugendgruppe (Teilnahme an einem Lehrgang für Jugendgruppenleiter)
2010 – 2012	Mitglied einer Schülertheatergruppe, Redaktionsmitglied einer Schülerzeitung

Studium

Mai 2017	Abschluss als Master of Arts (M. A.) mit Note »sehr gut«
10.2015 – 03.2017	Master-Studium an der Universität Köln Fächer: Germanistik und Allgemeine und Vergleichende Literaturwissenschaft Masterarbeit: »Hermeneutische Untersuchungen am Beispiel von Erzählformen des Realismus«
01.2017	Teilnahme an der Tagung »Chaos und Fraktale« der Stiftung Carolingia in Frankfurt am Main

Zur Person Carolin Schönfelder

Studium

08.2016	Teilnahme am Symposium »Kunst und Ästhetik im modernen Drama« der Humboldt-Universität in Berlin
10.2012 – 09.2015	Bachelor-Studium an der Universität Hannover Fächer: Allgemeine und Vergleichende Literaturwissenschaft und Anglistik, außerdem Theaterwissenschaft und Spanisch Abschluss als Bachelor of Arts (B. A.) mit Note »gut«

Auslandserfahrung

Sommer 2006	8-wöchiger Feriensprachkurs in Cambridge, England
Sommer 2008	6-wöchiger Feriensprachkurs in Nancy, Frankreich
Sommer 2010	Schüleraustausch mit einer Partnerschule in Paris

Schulbildung

1999 – 2011	Grundschule und Gymnasium in Brühl Abschluss: Abitur Note: 1,3

Sprachkenntnisse

Englisch (fließend), Französisch (sehr gute Kenntnisse), Italienisch (Grundkenntnisse)

Sonstige Kenntnisse

Umfangreiche Kenntnisse in den Bereichen Betriebssysteme (Windows, Mac), Office-Programme, Internet / Social Media, CMS, Apps (iOS, Android), Tracking- und Analyse-Tools

Nürnberg, 20. September 2017

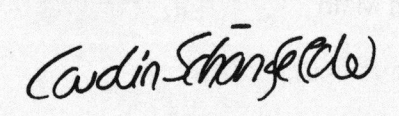

Carolin Schönfelder

E-Mail:

An...: benn@ac.com
Cc...:
Betreff: Unser Telefonat vom 20.09.2017 – Meine Bewerbung

Sehr geehrter Herr Benn,

wie telefonisch heute verabredet, sende ich Ihnen hier meine Bewerbung und freue mich auf die Fortsetzung unseres Gespräches.

Mit besten Grüßen nach Köln

[Unterschrift]

Carolin Schönfelder
Nymphenburger Ring 3
90487 Nürnberg
Phone 0551 1252367
CSchoenfelder@vhb.de

Bewerbung_Carolin_Schönfelder.pdf

6. Lektion — Die wichtigsten Bausteine Ihrer schriftlichen Bewerbung

Am absolut wichtigsten ist Ihr »Werbeprospekt« in eigener Sache, Ihr beruflicher Werdegang, dann folgen die Empfehlungsschreiben (Zeugnisse) und deutlich nachgeordnet Ihr Anschreiben. Wenn auch alle drei Dokumente in ihrer Gesamtbedeutung nicht zu unterschätzen sind, in der Gewichtung gibt es schon gravierende Unterschiede. Eine Art Visitenkarte Ihrer Persönlichkeit wird durch Ihr Foto, Ihre Hobbys und Interessen sowie Ihr Engagement kommuniziert. Unterschätzen Sie nie diese wichtigen vertrauensbildenden Punkte.

Für das Bild, das sich andere von Ihnen aufgrund Ihrer Unterlagen machen, sind Sie selbst verantwortlich. Sorgen Sie dafür, dass es »rund & attraktiv« ist, dass klar zum Ausdruck kommt,

1. wofür Sie stehen,
2. was Sie anbieten,
3. was Sie motiviert und
4. was Sie von anderen positiv unterscheidet (USP, Alleinstellungsmerkmal).

Achten Sie darauf, dass diese vier Punkte in Ihrer Bewerbung gut vermittelt werden!

Zu den Bewerbungsunterlagen von Carolin Schönfelder (Germanistin)

Anschreiben
- sehr hoher Aufmerksamkeitswert durch außergewöhnliche Gestaltung
- überzeugend durch schlichte Eleganz
- angenehm kurzer Umfang, sehr gute Lesbarkeit durch sehr kurze Absätze
- gut getextet, gute Vermittlung der Botschaft, sinnvoller Anknüpfungspunkt im PS
- schöne Zeilenführung, gute Betonung durch Fettungen (mehr sollten es aber nicht sein)

TIPP Berufsbezeichnung in Absenderinformationen aufführen, Unterschrift überarbeiten → waagrecht

Deckblatt (Dritte Seite)
- Überraschung beim ersten Eindruck
- sehr spannendes Design
- sehr gut getextete Überschrift
- sehr selbstbewusste Botschaft, sehr hoher Informationsgehalt
- recht viel Text, aber aufgrund des Inhalts überzeugend
- sprachlich sehr gut, extrem aufmerksamkeitssteigernd

Foto
- toller Hingucker, der Aufmerksamkeit erregt
- interessanter Hintergrund, sehr gute Platzierung
- sehr sympathisch

Lebenslauf
- sehr angenehmer erster Eindruck
- gelungene Alternative zur klassischen Überschrift »Lebenslauf«
- schlichte Eleganz beim Design
- interessante Abfolge
- gelungene inhaltliche Botschaft und hoher Informationsgehalt
- sehr klarer, aber nicht einsilbiger sprachlicher Stil

TIPP Informationen zum Studium lieber alle auf einer Seite nennen

E-Mail
- Aufmerksamkeitssteigerung durch Foto
- sehr ansprechende Gestaltung, gute optische Signale
- geringer Umfang, aber in Ordnung, ausreichender Informationsgehalt
- vorbildliche Absendergestaltung

7. Lektion Wichtig: der rote Faden

Sie sollten unbedingt Zusammenhänge zwischen den einzelnen Elementen Ihrer Bewerbung herstellen. Wie ist das zu erreichen? Von besonderer Wichtigkeit ist hier die gedankliche Vorarbeit. Stellen Sie Ihren Werdegang so dar, dass sich daraus eine Art roter Faden ergibt, der Ihr Kommunikationsziel, Ihre Botschaften und Argumente optimal verdeutlicht und einen klaren Bezug zur angestrebten Stelle herstellt.

Isabell Linde | Biehlallee 11 | 60719 Düsseldorf | Tel.: 0161 8812940 | isabell.linde@gmx.de

RA Detlev Ruhnke & Partner
Kanzlei europäischen Wirtschafts- und Steuerrechts
Königstr. 8
60313 Frankfurt am Main

Düsseldorf, 01.05.2017

BEWERBUNG ALS VOLLJURISTIN

Sehr geehrter Herr Ruhnke,

vielen Dank für das freundlich-informative Telefonat.
Wie angekündigt, hier meine Bewerbungsunterlagen.

Kurz zu meiner Person:
- Volljuristin, 29 Jahre alt, Studium in Göttingen und Bonn
- Prüfungsschwerpunkte: Wirtschafts- und Produkthaftungsrecht
- Referendariate: Kammergericht Bonn (u. a. gewerblicher Rechtsschutz) sowie Kanzlei Nebert Düsseldorf (Immobilien- und Körperschaftsrecht)
- Weiterbildung: „Modern English Law"

Ich strebe die Mitarbeit in Ihrer Kanzlei an, da ich besonders an den Problemen des EU-Rechts interessiert bin und mir auf diesem Sektor bereits entsprechende Spezialkenntnisse erworben habe.

Zu meinen wesentlichen Persönlichkeitsmerkmalen gehören u. a. auch ein breites Interessenspektrum, ausgeprägter Sinn für Klarheit und Struktur, eine gute Kommunikationsfähigkeit sowie ein hohes Maß an Eigeninitiative und Flexibilität.

Über ein persönliches Gespräch freue ich mich,

mit freundlichen Grüßen

Isabell Linde

PS: Für ein mögliches Vorstellungsgespräch wäre ich z. B. in der letzten Maiwoche in Frankfurt am Main.

Anlagen

Isabell Linde | Biehlallee 11 | 60719 Düsseldorf | Tel.: 0161 8812940 | isabell.linde@gmx.de

BEWERBUNGSUNTERLAGEN

für RA Detlev Ruhnke & Partner
Kanzlei europäischen Wirtschafts- und Steuerrechts

Isabell Linde

Isabell Linde, Volljuristin
Biehlallee 11, 60719 Düsseldorf
Tel. 0161 8812940, isabell.linde@gmx.de
www.linkedin.com/in/isabell-Linde

Mein Profil
- schnelles Denken und Entscheiden
- das Wesentliche prompt erkennen
- mutig an- und aussprechen, wo andere zögern
- konsequentes Umsetzen nach Abwägung und vorherigem Plan

Isabell Linde | Biehlallee 11 | 60719 Düsseldorf | Tel.: 0161 8812940 | isabell.linde@gmx.de

LEBENSLAUF

Persönliche Daten		**Isabell Linde** geboren 03. Juni 1988 in Braunschweig ledig, eine Tochter, 4 Jahre
Schulbildung	1994 – 1998 1998 – 2007	Grundschule A. Schwetz, Braunschweig Gymnasium Hohenfried Göttingen Abiturnote: „gut"
Studium	2007 – 2009 2009 2009 – 2013	Studium der Rechtswissenschaften an der Georg-August-Universität Göttingen Mitarbeit am Institut für Völkerrecht und internationale Beziehungen University of Cambridge, Summer School in „Modern English Law" Wechsel an die Friedrich-Wilhelms-Universität Bonn; 1. Juristische Staatsprüfung am LJPA in Düsseldorf, Wahlfach Europarecht
Referendariat	2015 – 2017 2017 2017	Kammergericht Bonn, Bereich: gewerblicher Rechtsschutz Rechtsabteilung des Senders Radio Bonn Bundeskartellamt Berlin 2. Juristische Staatsprüfung am JPA Berlin Zulassung zur Rechtsanwaltschaft, Landgerichtsbezirk Duisburg
Weiterbildungen	2011 / 8 2012 / 9 seit 2015	Praktikum bei RAN Schlüssel in Duisburg Praktikum im Landtag NRW, Grundstücksverwaltung Mitgliedschaft und Teilnahme an Kursen des Deutschen Rechtsanwaltsinstituts DAI

Isabell Linde | Biehlallee 11 | 60719 Düsseldorf | Tel.: 0161 8812940 | isabell.linde@gmx.de

LEBENSLAUF

Besondere Kenntnisse	Englisch	fließend in Wort und Schrift, verhandlungssicher in Rechts- und Wirtschaftssprache
	Französisch	Grundkenntnisse
	Spanisch	aktuell im Kurs für Fortgeschrittene
	Textverarbeitung	MS Office
Interessen Hobbys		Welt- und Zeitgeschehen
		Fechten
Mein Leitmotiv		*Wenn man recht hat und niemand widerspricht, ist das in Ordnung. Aber was ist, wenn man unrecht hat?*

Düsseldorf, 01.05.2017 *Isabell Linde*

Isabell Linde | Biehlallee 11 | 60719 Düsseldorf | Tel.: 0161 8812940 | isabell.linde@gmx.de

ÜBER MICH UND MEINE MOTIVATION

Für mich stand schon immer die Vielfältigkeit der Menschen aus unterschiedlichen Ländern im Vordergrund meiner Interessen.
So sehe ich das Recht und die Verständigung als Motoren des Miteinanders, als Möglichkeiten, Kulturen und Lebensformen zu achten und zu gerechten Lebensbedingungen beizutragen.

Mir wurde klar, dass sich der Bereich der Wirtschaft, besonders vor dem Hintergrund der Globalisierung, eignet, um wirklich wichtige Arbeit zu leisten und meine Ziele zu erreichen. Sehr häufig sind genaues Beobachten und Zuhören
– in Verbindung mit einem flexiblen, sachkundigen Geist –
die besten Voraussetzungen für die Lösung von Problemen.

Dies habe ich auch bei der Erziehung meiner Tochter gelernt.

Düsseldorf, 01.05.2017   *Isabell Linde*

ANLAGEN

Zeugnisse:
Allgemeine Hochschulreife
2 Staatsprüfungen
3 Referendariate
Summer School
2 Praktika
Teilnahmebescheinigungen DAI

Zu den Bewerbungsunterlagen von Isabell Linde (Volljuristin)

Anschreiben
- unspektakulär, aber übersichtlich, Blick fällt sofort auf das PS
- eher klassisch konservatives Design
- angemessen kurz mit guter Aufteilung der Absätze, grafisch gut gestaltete Betreffzeile
- schöner Einstieg, gute Einleitung, die schnell über die Bewerberin informiert
- klare Botschaft: Motivation kommt gut rüber
- gute Zeilenführung, die das Lesen und Verstehen unterstützt

TIPP **PS inhaltlich persönlicher gestalten und optisch hervorheben, mehr optisch wirksame Designtricks einsetzen**

Deckblatt
- weckt Aufmerksamkeit und Leselust
- übersichtliches Design
- hoher Informationsgehalt durch Kurzprofil
- guter Verweis auf das Linkedin-Profil
- durch Unterschrift unter dem Foto starkes Persönlichkeits-Signal und hohe Aufmerksamkeit

Foto (Deckblatt)
- durch das schlanke Format und die Unterschrift deutlich auffällig
- gut platziert

TIPP **etwas mehr Anschnitt am Kopf gäbe eine noch stärkere Dynamik**

Lebenslauf
- positive Fortsetzung des insgesamt guten Eindrucks, verstärkt auch durch zweites Foto
- außergewöhnliche Präsentation und ein schönes Design durch die besondere Einteilung in drei Spalten → hoher Aufmerksamkeitswert
- Darstellung gegen den allgemeinen Trend noch ganz klassisch-chronologisch mit Beginn bei der Schulbildung → bei sehr konservativen Branchen eine Möglichkeit
- vorbildliche Zeilenführung, sehr gut strukturiert und bestens präsentierte Abschnitte → sehr übersichtlich
- sprachlich sehr gut getextet, starke Ergänzung durch sehr persönliches Leitmotiv mit klarem Bezug zum Beruf
- durch Interessen- und Hobbyangabe zusätzlich zum Familienstatus hoher Informationsgehalt

Dritte Seite
- positiver Ersteindruck, schöne Überschrift
- angemessener Umfang, angenehme Aufteilung, nicht immer ganz optimale Zeilenführung
- starke inhaltliche Botschaft, Statements zur eigenen Motivation und den Soft Skills

TIPP **bei allen Dokumenten auf die Zeilenführung achten**

Anlagenverzeichnis
- Aufteilung und Umfang angemessen
- muss nicht immer auf einer Extra-Seite stehen

Wirtschaftswissenschaften

… wissen mit dem Begriff »Marketing« etwas anzufangen. **Marketing in eigener Sache** fällt aber auch ihnen nicht leicht. Eine angemessen kreative und auf den Empfänger abgestimmte, überzeugende Botschaft zu entwickeln, erfordert Zeit, Geduld und mindestens einen sehr guten Einfall. Dafür dann auch noch eine optisch attraktive Darbietungsform zu finden, ist wirklich eine Herausforderung.

Die erste Bewerbung können Sie auch ohne unsere Rand-Anmerkungen downloaden. Die Anmerkungen verdeutlichen, was und warum etwas positiv vom Empfänger wahrgenommen wird.

Beachten Sie auch die nächsten drei Lektionen in Sachen Überzeugungsstrategie.

Simon Hofe | Betriebswirt (B. Sc.)
Kurfürstenstr. 6 | 84321 Wendlingen
0179 3922892 | simon.hofe@gmx.de
xing.com/profile/simon_hofe

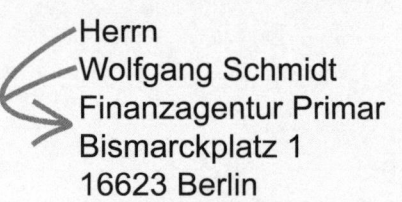

Herrn
Wolfgang Schmidt
Finanzagentur Primar
Bismarckplatz 1
16623 Berlin

Wendlingen, 14.11.2017

Ihre Stellenanzeige in der ZEIT vom 03.11.2017
Bewerbung als Trainee Marketing/Vertrieb

Sehr geehrter Herr Schmidt,

vielen Dank für das informative Telefonat am heutigen Vormittag. Wie besprochen sende ich Ihnen meine vollständigen Bewerbungsunterlagen.

Ich bin Betriebswirt (Bachelor of Science), 27 Jahre alt, ursprünglich gelernter Versicherungskaufmann und hospitiere derzeit bei Search International Ltd. Ex- und Import im Segment des Financial Consulting privater Investoren. Dieses Gebiet finde ich außerordentlich reizvoll, verlangt es doch höchste Konzentration, Sachkenntnisse und Mut zur Entscheidung.

Der Schwerpunkt meiner Begabung und meines Interesses liegt in der effektiven und objektiven Beratung sowie in der Neukundenakquisition.

Ich suche einen Berufseinstieg, möchte aus persönlichen Gründen mein Wirkungsfeld nach Berlin verlagern und bin sehr interessiert, Ihr Unternehmen und das für mich sehr attraktive Aufgabengebiet Verkauf und Marketing kennenzulernen.

Auf eine persönliche Begegnung mit Ihnen freue ich mich.

Mit freundlichen Grüßen aus Wendlingen an der Isar

Simon Hofe

Anlage: Bewerbungsunterlagen

passendes Zitat erregt Aufmerksamkeit

Gewinn ist so notwendig wie die Luft zum Atmen, aber es wäre schlimm, wenn wir nur wirtschaften würden, um Gewinne zu machen, wie es schlimm wäre, wenn wir nur leben würden, um zu atmen.

HERMANN JOSEF ABS

sehr schönes Design

Sympathisches Foto wirkt aufgeweckt, kompetent

Unterschrift als Hingucker!

Simon Hofe | Betriebswirt (B. Sc.)
Kurfürstenstr. 6 | 84321 Wendlingen
0179 3922892 | simon.hofe@gmx.de

Bewerbung als Trainee Marketing / Vertrieb
Finanzagentur Primar, Berlin

CURRICULUM VITAE

insgesamt prägnant und aussagekräftig modernes, seriöses und schlichtes Design sehr gut und ausführlich getextet

Zur Person: Simon Hofe, geboren am 07.06.90 in München
Betriebswirt (B. Sc.), ortsunabhängig, unverheiratet
Berufseinstieg: Vertrieb Financial Consulting

Ausbildung

09/16	Betriebswirt (Bachelor of Science), Gesamtnote: gut Abschlussarbeit: „Basisanalyse mittelständischer Unternehmen zur Handelsausweitung"
10/13 – 09/16	Betriebswirtschaftslehre an der TU München Studienschwerpunkte: – Industrie- und Dienstleistungsmarketing – Betriebliches Rechnungswesen – Marktkommunikation
09/10 – 06/13	Abendkolleg München Erwerb der Allgemeinen Hochschulreife
09/06 – 02/09	Ausbildung zum Sozialversicherungskaufmann bei der Barmer Ersatzkasse in München
07/00 – 07/06	Lessing-Gymnasium in München

Berufspraxis

seit 01/17	Hospitation bei Search International Ltd. Ex- und Import Arbeitsschwerpunkte: – Akquise und Beratung – After Sales Aktivitäten
14 – 16	Werkstudent (studienbegleitend) bei BMW, Schindler u. Siemens Projektarbeit an der Universität: – Vermarktungskonzeption der Festspiele in Neuwied – Finanzierungsplanung und Verkaufsstrategie von Objekten der Hochfinanz bei instabilen politischen Verhältnissen
09 – 13	Projektassistenz bei Finanzberatung Artfinanz in München – Analyse von Finanz- und Wirtschaftsunternehmen

CURRICULUM VITAE

Zusatzqualifikationen

10/16	Ausbilderprüfung der IHK
05/14	Global-Finance-Institut-Workshop „Marktkommunikation"
11/10	IHK-Seminar „Erfolgreich am Telefon verkaufen"
07/09	VHS-Kurs „Rhetorik im Beruf"

Fremdsprachen

Englisch in Wort und Schrift
Französisch Grundkenntnisse

IT

MS-Office	●●●●●
Lotus Notes	●●●●○
HORES	●●●○○
RIO 80862	●○○○○

Hobbys

Privatreisen im asiatischen Raum
asiatische Kochkunst
Landschaftsfotografie

Wendlingen, 14.11.2017

Tipp: noch mehr optische Signale setzen

Simon Hofe

Was Sie sonst noch über mich wissen sollten:

Meine Handlungsweise ist geprägt vom Streben nach optimaler Dienstleistung bei größtmöglicher Zufriedenheit des Kunden. Zugegeben, nicht immer leicht!

fokussiert Arbeitsweise

Schon in der Ausbildung zum Kaufmann wurde mein Denken von betriebswirtschaftlichen Zusammenhängen geprägt. Komplexe Situationen schnell zu erfassen und analytisch auszuwerten ist die wichtigste Grundlage meiner Art, zu optimalen Kosten-Nutzen-Ergebnissen zu gelangen.

sehr gute Botschaft

Als Student wurde ich wegen meiner vorausschauenden Planung bei der Organisation von interdisziplinären Projekten geschätzt. Meine Empathie und mein Verhandlungsgeschick waren mir dabei stets hilfreich.

authentisch, vertrauenswürdig

Im Rahmen meiner Arbeit bei der Finanz- und Wirtschaftsberatung *Artfinanz*, München, habe ich verschiedene Marketingstudien und Betriebskonzepte erstellt, die zu einer bedeutsamen Umstellung der Firmenstrategie führten.

Unternehmerisches Denken und verantwortungsbewusstes Handeln habe ich bereits da zeigen können, eine für mich unabdingbare Arbeitsbasis für herausragende Leistung.

Wendlingen, 14.11.2017

Simon Hofe

Anlagen / Inhaltliche Gliederung:

bei vielen Anlagen sehr sinnvoll,

sehr guter Informationsgehalt

Studium
Bachelorzeugnis
Werksbescheinigungen:
BMW
Schindler
Siemens
Studienprojekte:
– Vermarktungskonzeption
– Finanzierungsplanung und Verkaufsstrategie

Berufliche Erfahrungen
Hospitation: Search International Ltd.
Projektassistenz: Wirtschaftsberatung Artfinanz, München

Ausbildungszeugnisse
Sozialversicherungskaufmann
Ausbildereignungsprüfung IHK

Allgemeine Hochschulreife

FABIAN MEY

ORGANISATIONSENTWICKLER, BWL
WEBERWEG 23 | 70067 STUTTGART
TEL.: 0170 38128270
FABIAN.MEY@WEB.DE
WWW.XING.COM/PROFILE/FABIAN_MEY

Kreativ-**B**ank-**K**öln
Personalabteilung
Herrn Peter Krollmann
Brechtsteig 12
50679 Köln

Stuttgart, 25.09.2017

Ihre Anzeige im Handelsblatt vom 20.09.2017
Organisationsentwickler

Sehr geehrter Herr Krollmann,

ich bedanke mich für das freundliche Gespräch mit Ihnen auf der Jobmesse. Sie beschreiben in Ihrer Anzeige im Handelsblatt einen Arbeitsbereich, der mich besonders interessiert und der in außergewöhnlicher Weise meinen Fähigkeiten und Neigungen entspricht.

Bereits in meiner Masterarbeit habe ich mich mit Fragen zur Organisationsentwicklung beschäftigt. Ziel der Arbeit war die Überprüfung des Erfolgs der Einrichtung von Geschäftsbereichen in einem Industrieunternehmen der Metallverarbeitung. Dazu analysierte ich die Organisationsstruktur, ermittelte die Kosten und entwarf ein Konzept für die Reorganisation des Vertriebes sowie für die Weiterentwicklung des Absatzcontrollings.

Auch in meinem übrigen Studium war eine breit angelegte, stets sehr praxisorientierte Ausbildung für mich maßgebend. Die Bearbeitung von Fallstudien und eine Projektarbeit zur Finanz- und Bilanzplanung ergänzte meine theoretische Hochschulausbildung.

Während des Erstellens meiner Masterarbeit in einem Unternehmen der Zulieferindustrie sammelte ich intensive praktische Erfahrungen, insbesondere auf dem jederzeit wichtigen Gebiet der Personalentwicklung.

Über eine Einladung zu einem Vorstellungsgespräch freue ich mich.

Mit freundlichem Gruß

Anlagen

Fabian Mey
Master of Science (M. Sc.)
Betriebswirtschaftslehre

Weberweg 23
70067 Stuttgart
0170 38128270
fabian.mey@web.de

BEWERBUNGSUNTERLAGEN
FÜR DIE
KREATIV-BANK-KÖLN

ANGESTREBTE TÄTIGKEIT
ORGANISATIONSENTWICKLER

Fabian Mey
02.12.1992 in Radolfzell
ledig, ortsungebunden

Lebenslauf

Hochschulausbildung

10/2011 – 06/2017 | **Studium der Betriebswirtschaftslehre**
Universität Stuttgart

Studienschwerpunkte:
Organisation, Finanzwirtschaft, Rechnungswesen

Master of Science (M. Sc.) in Betriebswirtschaftslehre (2017)

Thema der Masterarbeit:
„Kosten-Nutzen-Relation unter dem Aspekt von Globalisierungsstrategien und ihre Auswirkung auf die Organisationsstruktur von Vertriebswegen"

Bachelor of Science (B. Sc.) in Betriebswirtschaftslehre (2014)

Thema der Bachelorarbeit:
„Investor Relations – Möglichkeiten und Grenzen"

Praxis und Weiterbildung

09/2016 – 03/2017 | **Erstellen der Masterarbeit**
bei GOTECH GmbH, Weissach

11/2015 – 01/2016 | **Debitorenbuchhaltung**
Flor KG Verkaufsgesellschaft, Darmstadt

10/2014 | **Geschäftsenglisch**, Intensivkurs in Cambridge, GB

07/2013 – 11/2013 | **Praktikum**
Control Data Management Consulting GmbH, Pforzheim

Wintersemester 2012/2013 | **Fallstudie**
Bearbeitung von Einzelfallstudien zu Problemen aus Finanzwirtschaft und Controlling

Sommersemester 2012 | **Projekt**
„Finanz- und Bilanzplanung mit Tabellenkalkulationsprogrammen"

Schul- und Berufsausbildung

04/2008 – 06/2011 Staatliche Berufliche Oberschule (FOS/BOS) für Wirtschaft, Konstanz
Abschluss: Allgemeine Hochschulreife

04/2008 – 06/2011 Grundschule in Radolfzell, Gymnasium in Konstanz

Sprachkenntnisse

Englisch – fließend in Wort und Schrift
Verhandlungserfahrung in Geschäftsenglisch
Französisch – gute Grundkenntnisse

Softwarekenntnisse

Lotus-123, Excel, Word, Datenbankmanagement

Interessen

Neues französisches Kino und Marathonlauf

Ehrenamt

Betreuer für Jugendfreizeiten der Arbeiterwohlfahrt

Zu meiner Person

Zu meinen besonderen Eigenschaften zählen die Fähigkeiten, in Zahlen zu denken, rechnerische Ergebnisse mit Leben zu füllen und auch richtig interpretieren zu können. Diese Fähigkeiten werden durch fundierte Kenntnisse im Rechnungswesen ergänzt.

Gleichzeitig bin ich aber auch ein Mensch, dem es neben dem Sinn für das Detail wichtig ist, dass die einzelnen Elemente ein stets gut strukturiertes Gesamtsystem ergeben.

Weitere Kennzeichen meiner Persönlichkeit sind, Probleme schnell erfassen zu können, bei der Lösungssuche sehr kreativ mitzuwirken und Weiterentwicklungen gut organisiert umzusetzen.

Stuttgart, 25.09.17

Verzeichnis der Zeugnisse

Hochschule:
Master-Zeugnis Betriebswirtschaftslehre
Bachelor-Zeugnis Betriebswirtschaftslehre

Praktikum:
Control Data Management Consulting GmbH
Flor KG Verkaufsgesellschaft

Resümee:
Masterarbeit
Fallstudie
Projekt

Tätigkeitsbescheinigungen:
Pilolpark
VHS Schloß Werbrunn
Nixdorf

Abitur-Zeugnis

Fabian Mey
Betriebswirt (B. Sc.)

Weberweg 23
70067 Stuttgart
Tel. 0170 38128270
fabian.mey@web.de
www.xing.com/profile/fabian_mey

Kreativ-Bank-Köln
Herrn Peter Krollmann
Brechtsteig 12
50679 Köln

Stuttgart, 25.09.2017

Meine Bewerbung als Organisationsentwickler

Sehr geehrter Herr Krollmann,

vielen Dank für das freundlich, informative Telefonat. Gerne liste ich Ihnen meinen beruflichen Werdegang in Kurzform auf.

Profil
Analytisch orientiert, organisationsstark, Fähigkeit, in Zahlen zu denken, und trotz Detailorientierung das Gesamtsystem im Blick zu haben

Ausbildung
Studium der Betriebswirtschaftslehre (M. Sc.)
Universität Stuttgart
Schwerpunkte: Organisation, Finanzwirtschaft, Rechnungswesen
Uni-Projekt: Finanz- und Bilanzplanung mit Tabellenkalkulationsprogrammen
Abschlussarbeit: „Kosten-Nutzen-Relation unter dem Aspekt von Globalisierungsstrategien und ihre Auswirkung auf die Organisationsstruktur von Vertriebswegen"

Berufspraxis
Studentischer Mitarbeiter
GOTECH GmbH, Weissach
Erstellen der Masterarbeit in einem Unternehmen der Zulieferindustrie im Bereich Globalisierungsstrategien

Assistenz in der Debitorenbuchhaltung (Praktikum)
Flor KG Verkaufsgesellschaft, Darmstadt
Erfassung und Verbuchung offener Forderungen gegenüber Kunden

Control Data Management Consulting GmbH, Pforzheim (Praktikum)
Ausarbeitung int. Markt- und Unternehmensstudien im Bereich IT-Management

Habe ich Ihr Interesse geweckt? Gerne sende ich Ihnen meine ausführlichen Unterlagen zu und stehe Ihnen für ein Vorabtelefonat zur Verfügung.

Mit freundlichen Grüßen nach Köln

Fabian Mey

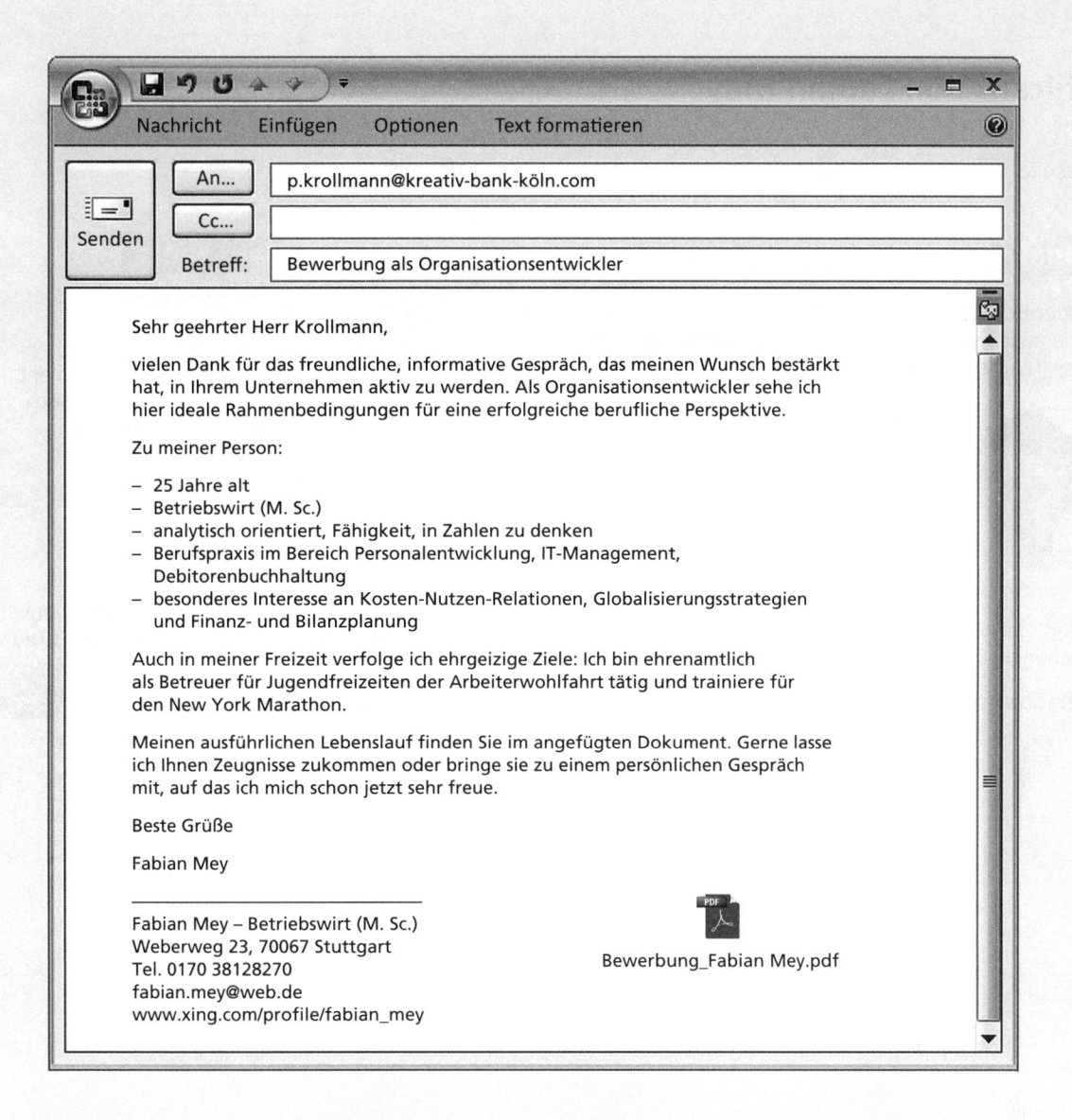

An... p.krollmann@kreativ-bank-köln.com
Cc...
Betreff: Bewerbung als Organisationsentwickler

Sehr geehrter Herr Krollmann,

vielen Dank für das freundliche, informative Gespräch, das meinen Wunsch bestärkt hat, in Ihrem Unternehmen aktiv zu werden. Als Organisationsentwickler sehe ich hier ideale Rahmenbedingungen für eine erfolgreiche berufliche Perspektive.

Zu meiner Person:

- 25 Jahre alt
- Betriebswirt (M. Sc.)
- analytisch orientiert, Fähigkeit, in Zahlen zu denken
- Berufspraxis im Bereich Personalentwicklung, IT-Management, Debitorenbuchhaltung
- besonderes Interesse an Kosten-Nutzen-Relationen, Globalisierungsstrategien und Finanz- und Bilanzplanung

Auch in meiner Freizeit verfolge ich ehrgeizige Ziele: Ich bin ehrenamtlich als Betreuer für Jugendfreizeiten der Arbeiterwohlfahrt tätig und trainiere für den New York Marathon.

Meinen ausführlichen Lebenslauf finden Sie im angefügten Dokument. Gerne lasse ich Ihnen Zeugnisse zukommen oder bringe sie zu einem persönlichen Gespräch mit, auf das ich mich schon jetzt sehr freue.

Beste Grüße

Fabian Mey

Fabian Mey – Betriebswirt (M. Sc.)
Weberweg 23, 70067 Stuttgart
Tel. 0170 38128270
fabian.mey@web.de
www.xing.com/profile/fabian_mey

Bewerbung_Fabian Mey.pdf

Profilcard von Fabian Mey

Vorderseite

Analyst mit Blick für das Ganze

Junger Betriebswirt (M.Sc.) brennt darauf, seine analytischen Kompetenzen zur Stärkung Ihres Teams einzusetzen.

Mein Name
Fabian Mey

Mein Ziel
Organisationsentwickler

Meine Spezialisierung: Kosten-Nutzen-Relationen, Finanz- und Bilanzplanung

Mehr über mich lesen Sie auf der Rückseite ...

Rückseite

Hard Facts
- 25 Jahre, ledig, ortsungebunden
- 06/2017 Abschluss M.Sc. BWL, Universität Stuttgart
- Office-Programme, Datenbankmanagement
- Englisch (verhandlungssicher), Französisch
- Hobbys: Marathon, französisches Kino

Soft Skills
- analytisch orientiert
- Fähigkeit, in Zahlen zu denken
- hohe Auffassungsgabe

Sind Sie interessiert? Ausführlichere Infos:
www.xing.com/profile/fabian_mey

Weberweg 23 • 70067 Stuttgart
0170 38128270 • fabian.mey@web.de

8. Lektion   Ihr Foto hat eine enorm wichtige Weichen stellende Bedeutung

Es ist der klassische Sympathieträger, ein Hauptargument in Sachen »Persönlichkeit« und »Vertrauensaufbau«, mit dem Sie die »Auswahlkommission« auf Ihre Seite ziehen können. Zu jeder guten Bewerbung gehört also ein gutes, sympathisches, vertrauenerweckendes Foto. Wer damit Sympathie mobilisieren kann, hat die besseren Chancen. Aus Sympathie entsteht Vertrauen und daraus das notwendige Zutrauen in Ihre Person und Ihre Problemlösungstätigkeit.

Investieren Sie in einen guten Fotografen. Auch wenn es ohne Foto geht, mit einem guten geht es viel besser! Hier zu sparen rächt sich und kostet Sie Sympathiepunkte.

Zu den Bewerbungsunterlagen von Fabian Mey (Betriebswirt)

Anschreiben
- angenehm kurzer Umfang, angemessene Aufteilung, gute Strukturierung
- auffällige Absendergestaltung, gute Anknüpfung an Messegespräch
- guter Verweis auf XING-Profil
- gelungene Botschaft zu Studium und Interessenschwerpunkt, gute sachliche Argumentation

Deckblatt
- gut designed, übersichtliche Aufteilung
- seriöses, sympathisches Foto

TIPP **Absendergestaltung dem Anschreiben anpassen, Hinweis auf XING- oder Linkedin-Profil einbauen, Unterschrift unter Foto einbauen**

Lebenslauf
- klassische, übersichtliche Aufteilung, gute Strukturierung
- gut formulierte, aufmerksamkeitssteigernde Botschaft am Ende des Lebenslaufs

TIPP **Absendergestaltung dem Anschreiben anpassen und Absenderinformationen auf jeder Seite wiederholen (z. B. in der Fußzeile)**

Anlagenverzeichnis
- übersichtlich gestaltet, hilfreich zum Überblick

Kurzbewerbung
- sehr kompaktes Anschreiben, das alle wichtigen Informationen enthält, ohne überladen zu wirken
- ungewöhnliche, beeindruckende Kurzbewerbung, die überrascht → hoher Aufmerksamkeitswert
- sehr angenehmes Design, gute Platzaufteilung
- optimale Absendergestaltung durch gutes Foto in angemessenem Format
- gute namentliche Ansprache des Empfängers, der vorher kontaktiert wurde
- Einleitungsabschnitt mit Kurzprofil gut eröffnet und mit Berufspraxis noch besser nachgesetzt
- Sprache und Stil schön ganz kurz und auf den Punkt

TIPP **ein PS wäre in diesem Fall ein besonders guter Eyecatcher**

E-Mail
- sehr positiver erster Eindruck, sehr gute Absendergestaltung mit Hinweis auf XING-Profil
- sehr gute Gestaltung, angemessener Umfang

Profilcard
- beispielhafte, kurze und gezielte Vermittlung von Kompetenz, Leistungsmotivation und Persönlichkeit

TIPP **Profilcard im Format eines Notizblockwürfels auf festerem Papier, mit Foto und wenigen, aber wichtigen Daten weckt Interesse und gibt schnellen Überblick**

Leon Roth
Betriebswirt (B. Sc.)

Torstr. 1 | 10121 Berlin

0152 8726590

leonroth@web.de

linkedin.com/in/leon-roth

Profil
Leistungsorientierte Nachwuchsführungskraft
Überdurchschnittlich guter Studienabschluss (1,1)
Spezialisiert auf Controlling und Personalführung

Ausbildung
Studium der Betriebswirtschaftslehre 2014 – 2017
Freie Universität Berlin
Abschlussnote: sehr gut

Abitur am Heinrich-Heine-Gymnasium Berlin 2014
Abschlussnote: 1,2

Berufspraxis
Praktikum Controlling 2016
Stone Consulting Berlin
Projektassistenz, Team Westeuropa
Recherche, Konzeption, Präsentation

Praktikum Personalführung 2015
People & Trust Management AG Hamburg
Assistenz im Bereich Beratung und Seminare

Besondere Kenntnisse
Projekt „Controlling challenges of tomorrow" 2015
Deutsche Bank AG London

Seminar „Kommunikation und Führung" 2014
Leading Professionals Academy

MS Office, SPSS, Adobe InDesign

Auszeichnungen
Stipendium der Deutschen Wirtschaft

Young Talents Förderprogramm Deutsche Bank AG

An...: Mangold@udp.de

Betreff: Ich werde Sie überzeugen ...

Sehr geehrter Herr Mangold,

in der Anlage erhalten Sie wie besprochen mein ausführliches Profil. Danke für die Zeit am Telefon. Das hat mir wirklich sehr geholfen!

In den Gebieten Controlling und Personalführung verfüge ich durch mehrere Praktika bereits über vielfältige, nachhaltige Erfahrungen. So konnte ich zum Beispiel in der Beratung und auch in Seminaren viele eigene Ideen einbringen und an der Umsetzung mitarbeiten.

Der Bereich der Personalführung in Ihrer Firma ist für mich reizvoll, weil ich hier durch mein Engagement Menschen unterstützen kann, ihr Potenzial zu entfalten.

Sehr gerne sende ich Ihnen meine ausführlichen Bewerbungsunterlagen und freue mich auf ein Kennenlerngespräch.

Mit freundlichen Grüßen
Leon Roth

Torstr. 1
10121 Berlin
Telefon 0152 8726590
E-Mail: leonroth@web.de
linkedin.com/in/leon-roth

Bewerbung_Leon Roth.pdf

Kommentierte Unterlagen

Zu der Initiativbewerbung von Leon Roth (Betriebswirt)

Foto
- sympathischer erster Eindruck, starke Strahlkraft
- außergewöhnliches Format, interessant durch dunklen Hintergrund, gute Platzierung

Lebenslauf
- sehr hoher Aufmerksamkeitswert, exzellente Lesbarkeit
- sehr gutes Design, mutiges Format, überzeugende Aufteilung auf nur einer Seite
- starker optischer Reiz durch sehr große Präsentation des Namens → Vorsicht, bei der Schriftgröße nicht übertreiben
- gute Absendergestaltung mit Verweis auf Linkedin
- sehr guter Start, der Lust auf mehr macht
- gelungene Textergänzungen, sehr hoher Informationsgehalt

TIPP **exzellentes Beispiel für eine kurze, effektvolle Initiativbewerbung**

E-Mail
- guter 1. Eindruck, gute Zeilenführung
- etwas zu reißerische Betreffzeile
- guter Einleitungsabschnitt, guter Bezug zum Telefonat
- noch nicht so beeindruckend wie der Lebenslauf

TIPP **inhaltliche Botschaft verbessern → weniger Text, dafür mehr Substanz, Betreffzeile neutraler formulieren**

9. Lektion Aufmerksamkeit steigern

Ob durch Farbe(n) oder unterschiedliche Schrifttypen, Größen, Fettungen, Kursivdruck und/oder Unterstreichungen, es gibt verschiedene »Instrumente«, die helfen, die Aufmerksamkeit des Empfängers Ihrer Unterlagen zu steigern, seine Neugier zu wecken, verbunden mit der Absicht, sich von der Masse der eingehenden Bewerbungen schon optisch positiv zu unterscheiden. Wir zeigen Ihnen hier insbesondere bei den Anschreiben und E-Mails eine Bandbreite der Möglichkeiten. Beim Lebenslauf wird häufig eine sogenannte »Schmuckfarbe« verwendet, um den Leser auf besonders wichtige Aussagen aufmerksam zu machen.

Ganz wichtig aber ist: nicht übertreiben, zu viel des Guten bewirkt den gegenteiligen Effekt. Optische Effekte überzeugen besser, wenn sie sparsam eingesetzt und mit Verstand ausgewählt werden!

Felix Hofmann
Master of Business Administration (MBA)
Parkallee 7 | 28309 Bremen
0171 9822124 | felix.hofmann@yahoo.de
www.linkedin.com/in/felix-hofmann

An
Stones & Walters International AG
Frau Elizabeth Cook
Neuer Wall 1
20354 Hamburg

Bremen, 15.02.2017

Initiativbewerbung als Projektmanager IT

Sehr geehrte Frau Cook,

vielen Dank für das informative Telefonat. Wie besprochen, hier meine Initiativbewerbung.

Als Jungakademiker mit internationaler Berufspraxis suche ich eine ambitionierte Herausforderung im Management von IT-Projekten.

Auf diesem Sektor verfüge ich bereits über vielfältige Erfahrung: studienbegleitende Jobs, mehrere Praktika sowie anspruchsvolle Projekte im In- und Ausland. So habe ich beispielsweise für ein europaweites Informationssicherheitsprojekt die Koordination der Arbeitszyklen eigenverantwortlich gesteuert.

Mich motiviert ein herausforderndes Arbeitsumfeld mit komplexen Aufgabenstellungen, die im Team mit spezialisierten Experten erfolgreich gelöst werden, weshalb mich ein Engagement bei der Stones & Walters International AG auch mittel- und langfristig überaus stark begeistern würde.

Eine Übersicht meiner bisherigen beruflichen Entwicklung sowie Referenzen finden Sie auf LinkedIn unter **www.linkedin.com/in/felix-hofmann**.

Habe ich Ihr Interesse geweckt? Sehr gerne sende ich Ihnen meine ausführlichen Unterlagen und freue mich auf ein persönliches Gespräch.

Mit freundlichen Grüßen

Felix Hofmann

Zu der Initiativbewerbung von Felix Hofmann (MBA)

Anschreiben

- aufmerksamkeitssteigernde Kombination aus Text und Foto → sympathisches Foto als Blickfang
- interessantes, außergewöhnliches und dennoch eher schlichtes Design
- gute Aufteilung und angemessener Umfang → kurz und effektiv
- gute Einbindung des Linkedin-Profils in die Absendergestaltung
- guter Informationsgehalt
- Zeilenführung zu Beginn gut, dann aber leider vernachlässigt
- sehr individuelle und moderne Form einer Initiativbewerbung

TIPP im Absender die Berufsbezeichnung nennen, Besonderes durch Fettungen hervorheben, Zeilenführung besser beachten

Foto

- schöner Hingucker, gute Platzierung
- moderne Optik durch leicht angeschnittenen Kopf

TIPP interessanteres Fotoformat wählen (z. B. quadratisch oder Querformat)

---

10. Lektion Ausdauer ist absolut wichtig für Ihr Bewerbungsvorhaben

Ausdauer gehört sicherlich zu den wichtigsten Faktoren für ein erfolgreiches Bewerbungsvorhaben. Wer zu schnell resigniert, kann seine Ziele niemals erreichen. Wer hingegen – trotz offensichtlicher Aussichtslosigkeit – zu lange an einer Sache festhält, blockiert sich auf seinem Lebensweg unnötig selber. Erkennen Sie, wann Beharrlichkeit notwendig ist und wann Sie flexibel sein und sich neu orientieren sollten. Ziehen Sie sich nach Absagen nicht ins stille Kämmerlein zurück, sondern reden Sie mit anderen darüber. Das Reden ist eine wahre »Seelenreinigung«. Suchen Sie sich in Ihrer Familie und/oder in Ihrem Freundeskreis Seelentröster – Menschen, die zuhören, ohne Sie ständig zu bemitleiden. Stabilisieren Sie Ihr Selbstvertrauen und den Glauben an die eigenen Fähigkeiten.

Es gibt also keinen Ersatz für Beharrlichkeit, Ausdauer und Durchhaltevermögen.

Medizin, Natur- und Ingenieurwissenschaften

Absolventen tun sich besonders schwer, wenn es darum geht, ihre Mitarbeit für einen interessanten Job attraktiv anzubieten. Sich selbst angemessen darzustellen, ist und bleibt stets eine große Herausforderung. Die Absolventen in den folgenden Beispielen haben es geschafft, als zukünftige Leistungsträger identifiziert und sofort eingeladen zu werden.

Außerdem folgen weitere acht Lektionen zu wichtigen Kenntnissen und Handlungsweisen für Ihre erfolgreiche Bewerbungsstrategie.

Jonas Pick
Master of Science (M. Sc.) Physik
Neuer Weg 18, 12345 Berlin
Tel.: 0171 4882255
E-Mail: jonas.pick@web.de
www.xing.com/profile/jonas_pick

Jonas Pick – Neuer Weg 18 – 12345 Berlin

Laser & Partner GmbH
z. Hd. Herrn Thomas Berghuber
Müllerstr. 777
80088 München

10.09.2017

**Unser heutiges Telefongespräch
Ihr Stellenangebot Bereichsassistenz
Experimentalphysik**

Sehr geehrter Herr Berghuber,

vielen Dank für das ausführliche Gespräch.
Wie telefonisch besprochen sende ich Ihnen hier
meine vollständigen Unterlagen.

Seit Mai 2017 bin ich Physiker (M. Sc.)
mit dem Schwerpunkt Experimentalphysik.
Über meine wissenschaftliche Arbeit hinaus
bringe ich umfangreiche Praxiserfahrung
im Präsentieren von Forschungsobjekten
und Akquirieren von Drittmitteln mit.

Sehr gerne möchte ich zukünftig meine Kenntnisse
der Experimentalphysik in Ihrem Unternehmen
einsetzen und mich als Assistent für Sie engagieren.

Ich freue mich auf Ihre Einladung und verbleibe
mit besten Grüßen aus Berlin

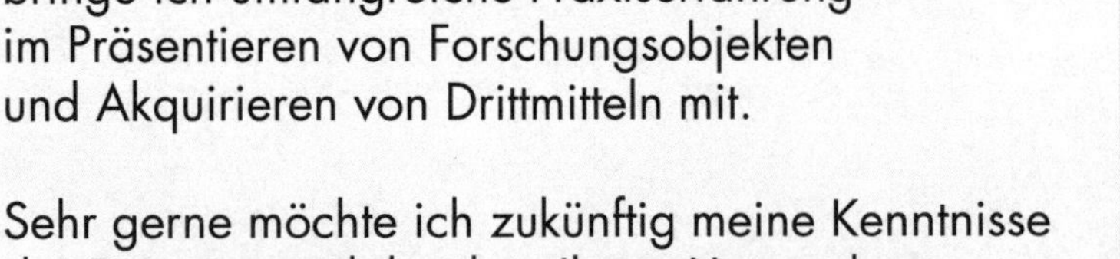

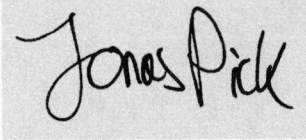

Jonas Pick

Jonas Pick
Master of Science (M. Sc.) Physik
Neuer Weg 18, 12345 Berlin
Tel.: 0171 4882255
E-Mail: jonas.pick@web.de
www.xing.com/profile/jonas_pick

14. März 1993	**Geburtsdatum**
Dessau	**Geburtsort**
ledig keine Kinder ortsungebunden	**Familienstand**
Master of Science (M. Sc.) Physik	**Ausbildungshintergrund**
Experimentalphysik	**Spezialgebiet**

BEWERBUNGSUNTERLAGEN FÜR DIE
LASER & PARTNER GMBH

> **Jonas Pick**
> Master of Science (M. Sc.) Physik
> Neuer Weg 18, 12345 Berlin
> Tel.: 0171 4882255
> E-Mail: jonas.pick@web.de
> www.xing.com/profile/jonas_pick

CURRICULUM VITAE

Studium

Studium der Physik Technische Universität Berlin Bachelor-Abschluss (B. Sc.) 2014 Master-Abschluss (M. Sc.) 2017 Master-Abschlussnote: sehr gut	2011 – 2017
Masterarbeit in Experimentalphysik: „Optimierung eines Lasermikroskops mit Ultraschalldetektor für die Früherkennung pränataler Stoffwechselerkrankungen in vivo" Durchgeführt am Institut für Zelluläre Pharmakologie	2017

Praktika

Werkstätten des Energiezentrums im Heisenberg-Institut: Teilchenspektralometrie	2015
Bundesanstalt für Materialprüfung in Berlin: Zerstörungsfreie Festkörperprüfung	2014

Abitur

Allgemeine Hochschulreife	2011
Goethe Gymnasium in Dessau	2003 – 2011

Jonas Pick
Master of Science (M. Sc.) Physik
Neuer Weg 18, 12345 Berlin
Tel.: 0171 4882255
E-Mail: jonas.pick@web.de
www.xing.com/profile/jonas_pick

CURRICULUM VITAE

Studentische Tätigkeiten

Studentische Hilfskraft mit Lehraufgaben	2015–2017
Organisation und Durchführung nationaler und internationaler Tagungen und Seminare an der TU Berlin	2014–2015

Akademische Weiterbildung

Bad Herzburg, WIT-Führungsakademie: Wissenschaftsmanagement	2015
Workshops am ITW: Kommunikations- und Verhandlungstechnik Präsentation wissenschaftlicher Vorträge	2014
Seminar bei Wissenstransfer Berlin: Organisation internationaler Forschungskooperation	2013

Jonas Pick
Master of Science (M. Sc.) Physik
Neuer Weg 18, 12345 Berlin
Tel.: 0171 4882255
E-Mail: jonas.pick@web.de
www.xing.com/profile/jonas_pick

CURRICULUM VITAE

Veröffentlichungen

Beitrag zu „Experimentieren in vivo – ethische Fragen" im TU-Magazin „FB 3 aktuell"	2017
Ausarbeitung des Vortrags über „Laser in der Medizin" anlässlich der Tagung zu Ehren F. Capras 2015 in Paris (Abdruck im Tagungs-Journal)	2016

Besondere Kenntnisse

MS-Windows und Linux Betriebssysteme MS-Office, HTML, SPSS	IT-Kenntnisse
Englisch: Vortragsqualität, fließend in Wort / Schrift Spanisch: gute Kenntnisse	Sprachkenntnisse

Engagement / Hobbys

Mitarbeit in der ev. Kirchengemeinde 'Trinitatis', Berlin Spandau

Reparatur technischer Geräte

Weinbergbau

Berlin, 10. September 2017

Zu den Bewerbungsunterlagen von Jonas Pick (Physiker)

Anschreiben
- starker erster Eindruck, absolut auffällig und individuell
- relativ kurzer, interessanter Text, gute Aufteilung, sehr angenehm zu lesen
- sehr gute Absendergestaltung, weil auch die XING-Adresse benannt wird
- gute Betreffzeile mit Verweis auf Telefonat
- gute namentliche Anrede und beispielhafter Einleitungssatz mit Anknüpfung an das Telefonat
- gelungene inhaltliche Botschaft mit vorbildlicher Zeilenführung

TIPP **in den Adressdaten des Empfängers nicht »z. Hd.« schreiben (nicht mehr üblich)**

Deckblatt
- setzt das Design konsequent fort

TIPP **evtl. Unterschrift unter Foto setzen**

Foto
- sympathisch mit hohem Aufmerksamkeitswert, Kopf leicht angeschnitten wirkt immer dynamischer
- sehr schöner dunkler Hintergrund verleiht dem Gesicht noch etwas mehr Strahlkraft

TIPP **etwas breiteres Format verwenden, um nicht an ein Passfoto zu erinnern**

Lebenslauf
- Fortsetzung des positiv auffälligen Designs auch hier, jede Seite ist gleich aufgebaut
- besondere Headline »Curriculum Vitae« → aufmerksamkeitssteigernd
- außergewöhnliche Note durch Zeitleiste rechts
- sinnvoller Aufbau der Abschnitte
- gute inhaltliche Botschaften, schöne Zeilenführung
- Umfang mit drei Seiten noch in Ordnung
- außergewöhnliches Engagement und Hobbys machen den Kandidaten zusätzlich interessant

TIPP **die Unterschrift vorher etwas üben und »schöner« unterschreiben**

Benjamin Frohn
Master of Science – Biochemie

Pharma Pro AG
Herrn Föbius
Industriestraße 1
10236 Berlin

16. April 2017

Bewerbung als Trainee
Ihre Anzeige auf stepstone.de (Referenz: 12645ZX)

Sehr geehrter Herr Föbius,

einen entscheidenden Beitrag zum Erhalt oder zur Wiederherstellung des größten Gutes im Leben eines Menschen – der Gesundheit – zu leisten, ist mir ein sehr wichtiges Anliegen.

In der Entwicklung und kontinuierlichen Optimierung von Arzneimitteln kann ich genau dazu meinen Beitrag leisten. Mit dem Traineeprogramm in Ihrem Hause möchte ich dafür jetzt eine solide Basis schaffen und sende Ihnen anbei meine Bewerbung.

Seit jeher faszinieren mich die Funktionen unseres Körpers, die biochemischen Reaktionen und der Einfluss von chemischen Substanzen. Deshalb habe ich auch Biochemie an den Universitäten Heidelberg und Hannover studiert und verfüge durch Studium sowie Praktika über umfangreiche Erfahrungen in Laborarbeiten und der Analyse von genetischem Material.

Diese Aufgaben bereiten mir auch besondere Freude – es begeistert mich immer wieder, durch beharrliche und gründliche Analysen aufschlussreiche neue Erkenntnisse zu erlangen, Informationen miteinander zu verknüpfen und Substanzen stetig weiterzuentwickeln. Aber auch im Bereich des Qualitätsmanagements und der Projektarbeit konnte ich bereits Erfahrungen sammeln, die ich in Ihrem Traineeprogramm gezielt vertiefen möchte.

Neben den analytischen Fähigkeiten zähle ich große Selbstständigkeit und ein hohes Maß an Verantwortungsbewusstsein zu meinen persönlichen Stärken. Beides konnte ich in der Vergangenheit vor allem durch die komplette Selbstfinanzierung meines Studiums und während meiner Reise durch Indien unter Beweis stellen.

Ich erledige meine Aufgaben eigenverantwortlich, empfinde aber auch die Zusammenarbeit und den fachlichen Austausch mit Kollegen immer als eine große Bereicherung.

Mein Masterstudium habe ich diesen April erfolgreich beendet und stehe für das Traineeprogramm in Ihrem Unternehmen gerne auch kurzfristig zur Verfügung.

Mit besten Grüßen

[Unterschrift]

Goetheallee 44 ♦ 15366 Dahlwitz-Hoppegarten
Mobil: 01575 4331680 ♦ E-Mail: befroh@gmx.de

Benjamin Frohn
Master of Science – Biochemie

Persönliche Daten
Geboren am 1. Januar 1992 in Berlin

Studium

04.2015 – 04.2017   **Masterstudiengang Biochemie**
Leibnitz Universität Hannover
- Schwerpunkt: Zelluläre Biochemie
- Masterthesis: „Bewertung eines Zellträgermaterials zur Knorpelregeneration" (Note: 1,2)
- Abschluss: Master of Science (Note: 1,6)

10.2010 – 10.2014   **Bachelorstudiengang Biochemie**
Fakultät für Biowissenschaften Universität Heidelberg
- Bachelorthesis: „Transformation, Expression und Aufreinigung von Glycosyltransferasen in E.coli" (Note: 1,0)
- Abschluss: Bachelor of Science (Note: 1,8)

Praktika

09.2016 – 03.2017   **Masterthesis**
Institut Medilab, Hannover
- Histologische Aufbereitung von Knorpelmaterial
- Bewertung des Integrationsverhaltens des Trägermaterials

06.2014 – 08.2014   **Bachelorthesis**
Forschungslabor der Fakultät für Biowissenschaften
Universität Heidelberg
- Umfangreiche Forschungsarbeiten im Labor
- Durchführung von Literaturrecherchen

02.2013 – 04.2013   **Cronic Care Coordination**
Forschungsinstitut AGEPA, Berlin
- Unterstützung bei der Bearbeitung wissenschaftlicher Fragestellungen mit Schwerpunkt chronische Nierenleiden
- Zusammenstellung und Verfolgung aktueller wissenschaftlicher Trends in dem Bereich Niereninsuffizienz
- Literatur- und Datenbankenrecherche zu Fragen aus dem Themengebiet der Niereninsuffizienz
- Unterstützung bei der Evaluierung neuer Versorgungskonzepte

Finanzierung des Studiums

01.2011 – 12.2016   **Servicekraft (20 Std. / Woche)**
in der Gastronomie in Heidelberg und Hannover

Goetheallee 44 ♦ 15366 Dahlwitz-Hoppegarten
Mobil: 01575 4331680 ♦ E-Mail: befroh@gmx.de

Benjamin Frohn
Master of Science – Biochemie

Schulbildung

07.2010 **Allgemeine Hochschulreife (Note: 1,7)**
Erich-Kästner-Gymnasium, Dahlwitz-Hoppegarten

Sonstiges

11.2014 – 03.2015 Reise durch Indien
- Inkl. vierwöchiges Praktikum in einem Labor in Neu-Delhi

Fremdsprachen Englisch (fließend), Französisch (gut)

IT-Kenntnisse MS-Office, CSD, ChemOffice, Origin (jeweils sehr gut)

Hobbys Reisen, Klettern, Mountainbiking

16. April 2017

Goetheallee 44 ♦ 15366 Dahlwitz-Hoppegarten
Mobil: 01575 4331680 ♦ E-Mail: befroh@gmx.de

An... foebius@pharma-pro-ag.de

Cc...

Betreff: Bewerbung als Trainee stepstone.de (Referenz: 12645ZX)

Sehr geehrter Herr Föbius,

**Gesundheit – das wichtigste Gut im Leben eines Menschen.
Dazu möchte ich beruflich meinen Beitrag leisten.
Das ist mir ein wichtiges Anliegen.**

Ich habe **Biochemie** an den Universitäten Heidelberg und Hannover studiert und verfüge durch Studium sowie Praktika über umfangreiche Erfahrungen in Laborarbeiten und der Analyse von genetischem Material.
Mehr über mich, meine Motivation und meinen Ausbildungsgang finden Sie in den beigefügten Unterlagen.

Mit besten Grüßen

Goetheallee 44, 15366 Dahlwitz-Hoppegarten, Mobil: 01575 4331680

Bewerbung_Benjamin Frohn.pdf

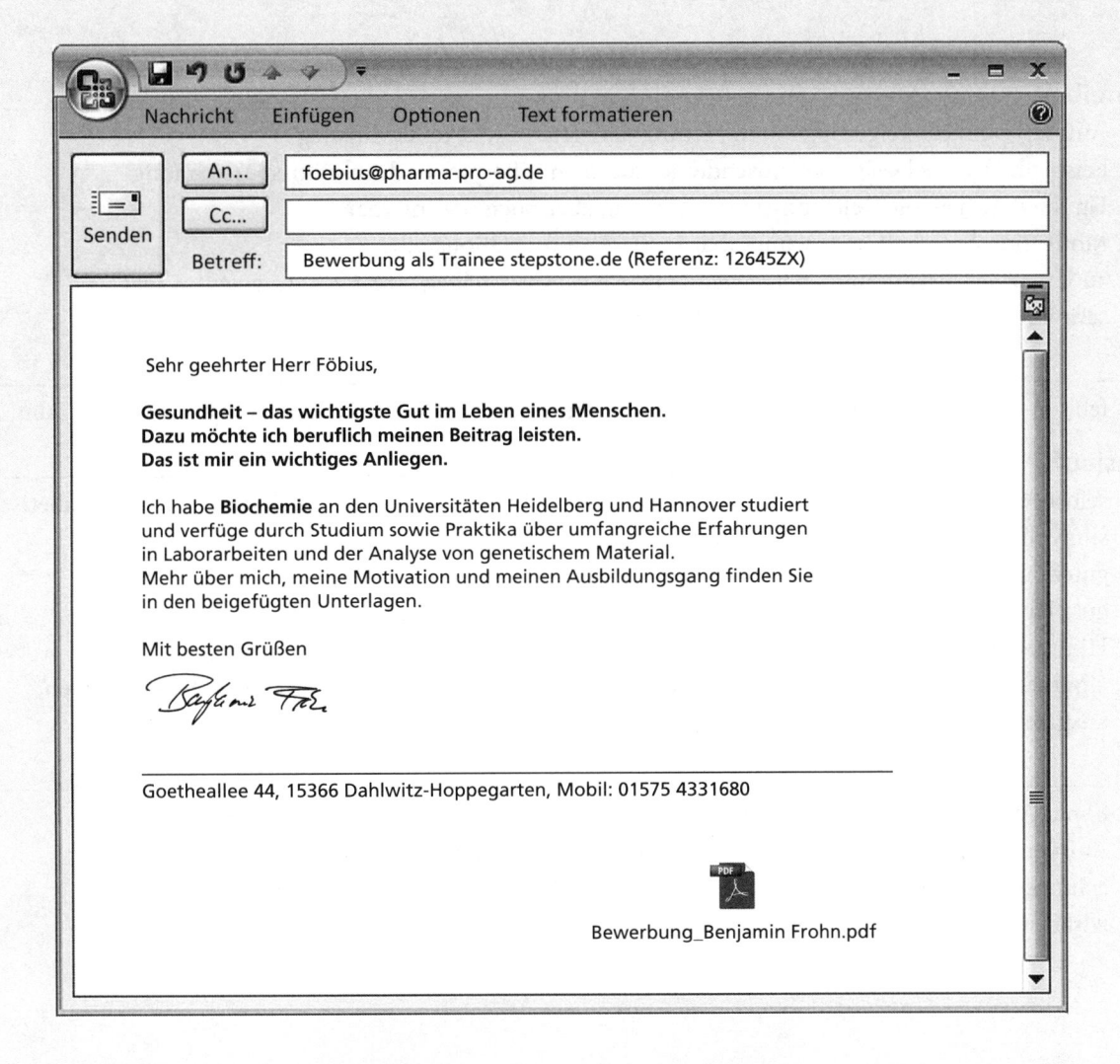

Zu den Bewerbungsunterlagen von Benjamin Frohn (Biochemiker)

Anschreiben
- Aufmerksamkeitssteigerung durch Fettung der ersten Sätze, toller Einstieg
- beispielhaft gutes Design der Absendergestaltung mit Berufs- und Abschlussbezeichnung
- Umfang, Aufteilung, Zeilenführung schon gut, aber noch optimierbar
- Motivationsbotschaft passt wunderbar in die Argumentationsreihe
- außergewöhnlich gut und überzeugend getextetes Anschreiben, kreativer, ausgefeilter Text
- sehr übersichtliche Gestaltung und schönes Design

Foto
- fehlt in diesem Fall → heutzutage keine Pflicht mehr und in manchen Ländern sogar absolutes Tabu

Lebenslauf
- selbst ohne Deckblatt und Foto angemessen informativ und durch die schlichte Eleganz sehr ästhetisch
- sinnvolle Zeilenführung, schönes Design
- guter Start, auf den Punkt gebrachter informativer Einleitungsabschnitt
- gute Überschriften der weiteren Abschnitte, keine Platzverschwendung
- Hinweise auf Finanzierung des Studiums und die privaten Interessen wecken Sympathie

TIPP Überschrift »Lebenslauf« nicht immer notwendig, gutes Beispiel für einen wirklich kreativen, ausgefeilten Text

E-Mail
- hoher Aufmerksamkeitswert trotz Kürze, Verwendung starker Stichworte → gute Botschaft
- Aufmerksamkeitssteigerung durch außergewöhnlich getextete Einleitungszeilen
- gelungene Komposition, hervorragende Verdeutlichung der Motivation des Bewerbers
- wirksames, optisches Signal durch Fettung des Wortes »Biochemie«

11. Lektion — Klarer Trend zur E-Bewerbung

Eine überwiegende Mehrheit der Bewerber versendet die Unterlagen per E-Mail mit Dateianhang. Trotzdem brauchen früher oder später die meisten Bewerber eine überzeugende Papierform ihres beruflichen Werdeganges. Dafür sollten Sie sich schon einmal eine entsprechende Präsentationsmappe bereitlegen. Denn spätestens beim oder nach dem ersten Gespräch werden Sie oft aufgefordert, Ihre Bewerbungsunterlagen nachzureichen oder beim nächsten Treffen mitzubringen.

Man will sehen, wie viel Mühe Sie sich geben, wie Ihnen diese Arbeitsprobe gelingt und ob man noch zusätzlich etwas über Sie erfährt.

Lea Seyfried

Safranstr. 150 • 70184 Singen • Mobil: 0171 2121999 • E-Mail: l.seyfried@web.de

Parkkrankenhaus Wiesbaden
Herrn Chefarzt
Prof. Dr. med. Matthäus Scheck
Anästhesiologie und Intensivmedizin am Parkkrankenhaus
Lilo-Herrmann-Str. 58
50178 Wiesbaden

19. September 2017

Bewerbung als Assistenzärztin

Sehr geehrter Herr Professor Scheck,

mein Wunsch, eine Facharztausbildung in Ihrer Abteilung zu beginnen, ist der Anlass, mich Ihnen vorzustellen.

Ich habe den dritten Abschnitt des Staatsexamens im Juli dieses Jahres absolviert und konnte im Praktischen Jahr bei Herrn Prof. Dr. Kern im Spital Herzberg in Singen bereits die chirurgische Seite der spannenden Intensivmedizin kennenlernen.

So war ich als Assistenzärztin voll in die Stationsarbeit eingebunden und habe eigenständig Patienten von der Prämedikation bis zur Entlassung begleiten dürfen. Während dieser Zeit konnte ich mir wesentliche Grundlagen sowohl der Anästhesiologie wie der Intensivmedizin aneignen.

Mein Wunsch, als Fachärztin der Anästhesiologie zu arbeiten, resultiert daraus, dass ich die Kombination von Patientenkontakt, reibungsloser Zusammenarbeit und störungsfreiem Informationsaustausch mit den chirurgischen Kollegen sowie der „Alarmbereitschaft", sich auf kritische Fälle sofort einstellen zu können, sehr reizvoll finde.

Meinen Dienst könnte ich sofort beginnen.

Gerne würde ich im angenehmen Wiesbaden leben und freue mich auch deshalb auf einen Besuch bei Ihnen.

Mit freundlichen Grüßen

Lea Seyfried

Anlagen

Bewerbungsunterlagen

Lea Seyfried

Zur Person:

Geboren am 23.06.1991 in Konstanz

ledig, keine Kinder

Studium der Humanmedizin 2010 – 2017

an der Wilhelm-Universität Konstanz

Approbation am 30.08.2017

Adresse:

Safranstr. 150

70184 Singen

Mobil: 0171 2121999

E-Mail: l.seyfried@web.de

Lea Seyfried
0171 2121999 • l.seyfried@web.de

Über meine Einstellung als Ärztin ...

Mein spezielles Lernziel ist es, das präsentierte Symptombild in seinen phänomenologischen, klinischen und psychosozialen Aspekten ganzheitlich interpretieren zu können. Ich bin mir bewusst, dass ich hierbei noch sehr viel Erfahrung und Routine erwerben muss. Eine zielorientierte, gut strukturierte Arbeits- und Vorgehensweise beim diagnostischen und therapeutischen Prozess ist zentrales Movens meiner medizinischen Grundhaltung.

... und über meine Wesensart

Das Studium und meine bisherigen Tätigkeiten haben mir gezeigt, dass die Arbeit mit Menschen genau das Richtige für mich ist. So werde ich von meiner Umwelt als angenehm unkompliziert und kommunikativ eingeschätzt.
Tatsächlich macht mir alles Spaß, was mit „Kontakt" zu tun hat: Veranstaltungen organisieren, interdisziplinäre Verbindungen zwischen verschiedenen Fachgruppen herstellen, Informationen verständlich und überzeugend weitervermitteln.
Nicht zuletzt waren es diese Fähigkeiten, die dazu geführt haben, dass ich in Krankenpflege unterrichtet habe.

... und mehr auf den folgenden Seiten

Lea Seyfried
0171 2121999 • l.seyfried@web.de

Curriculum Vitae

Schulausbildung

Grundschule und Gymnasium in Konstanz 1997–2010
Abschluss: Abitur, Note 1,3

Hochschulausbildung

Studium der Humanmedizin 2010–2017
an der Wilhelm-Universität Konstanz

Physikum, Gesamtnote befriedigend 15.04.2014
1. Staatsexamen, Note gut 12.10.2015
2. Staatsexamen, Note gut 20.03.2016
3. Staatsexamen, Note gut 10.08.2017

Famulaturen
  Prof. Dr. Pinneberg, II. Innere Abteilung,
  Kreiskrankenhaus Neuwied 02.13–03.13

  Prof. Dr. Pein, Abteilung für Neurologie,
  Krankenhaus am Berghang, Freudenstadt 07.14–08.14

  Prof. Dr. Erblich, Abteilung für Chirurgie,
  Kreiskrankenhaus Alten 07.15

  Prof. Dr. Weher, Dialyse II,
  Kreiskrankenhaus Neuwied 08.15

Praktisches Jahr
  Prof. Dr. Kern, Abteilung für Allgemeinchirurgie,
  Spital Herzberg, Singen 04.16–07.16

  Prof. Dr. Mahlen, II. Innere Abteilung,
  Universitätsklinikum Robert Koch, Ulm 08.16–11.16

  Prof. Dr. Jammer, Neurologie I,
  Krankenhaus Am Ufer, Neuwied 12.16–03.17

Approbation 30.08.2017

Lea Seyfried
0171 2121999 • l.seyfried@web.de

Meine Promotion

bei Prof. Dr. Kern, Abteilung für Allgemeinchirurgie, Spital Herzberg, Singen. Ich befasse mich mit dem Thema: „Hirntrauma und tiefer Schnitt – Analyse der Störfaktoren". Mein Interesse entstand durch die Zusammenarbeit im Team der chirurgischen Abteilung und hat seinen Hintergrund in meinem Wunsch, interdisziplinäre Medizin zu fördern.

Meine Nebentätigkeiten

bei denen ich als Dozentin für Anatomie an der Schule für Krankenschwestern des Universitätsklinikums Robert Koch in Ulm (Prof. Dr. Mahlen), II. Innere Abteilung, sowie als Nachtwache in verschiedenen Krankenhäusern gearbeitet habe. Beide Tätigkeiten dienten nicht nur der Finanzierung meines Studiums. Zum einen bot sich mir die Gelegenheit, interessante Unterrichtskonzepte zu entwerfen und auszuprobieren, zum anderen hatte ich bei Nachtwachen die Möglichkeit, neben der medizinischen Versorgung eine andere Hinwendung zum Patienten kennenzulernen.

Meine sonstigen Interessen

ranken sich zum einen um meinen PC und das Internet. Zum anderen bin ich aktive Schwimmerin und spiele mit Begeisterung Saxofon in einem Jazz-Orchester.

Meine Motivation

Hintergrund, mich bei Ihnen zu bewerben, sind die optimalen Ausbildungsbedingungen, das breite Spektrum an Patienten, das bekannt gute Betriebsklima und die kollegiale Haltung in Ihrem Hause sowie meine langjährige Zielorientierung in Richtung der Anästhesiologie und Intensivmedizin.

Singen, 19.09.2017

Lea Seyfried

Zu den Bewerbungsunterlagen von Lea Seyfried (Medizinerin)

Anschreiben
- absolut gelungene Gliederung, angenehm schlichtes, unaufdringliches Design
- schön getexteter Start, charmanter Abschlusssatz
- gut vermittelte Botschaften, Bezug zwischen der angestrebten Stelle und dem bisherigen und zukünftigen Ausbildungsgang wird sachlich und pointiert hergestellt
- vorbildliche, leserfreundliche Zeilenführung, kommt gut ohne optische Verstärker aus

TIPP **Berufsbezeichnung in den Absenderinformationen nennen, evtl. im vierten Absatz wichtige Begriffe hervorheben, bei der Unterschrift Abstand zwischen Vor- und Zunamen verkleinern**

Deckblatt
- eher einfach gestaltetes Deckblatt, das aber durch das sympathische Bewerberfoto an Attraktivität gewinnt
- zu wenige Botschaften

TIPP **hier wäre ein Kurzprofil sinnvoll**

Foto
- Hingucker, sehr sympathisch
- vorbildliches Format und gute Dynamik durch den Anschnitt am Kopf oben

TIPP **persönliche Unterschrift unter das Foto setzen, um noch mehr Aufmerksamkeit zu erregen, Berufsbezeichnung und Ausbildungsstatus nennen**

Lebenslauf
- außergewöhnlicher Lebenslauf, im Aufbau klassisch-konservativ, aber mit vielen Überraschungsmomenten
- ungewöhnliche erste Seite, die Eigenschaften, Motivation und Persönlichkeit vermittelt
- hoher Aufmerksamkeitswert durch kurze Textbotschaften, Spannungsaufbau durch sorgfältig formulierte Überschriften
- konsequent durchkomponiert, roter Faden aufgrund der durchgängigen Kopfzeile
- ausgefallenes Design für die typischen Lebenslaufdaten
- besonderer Informationscharakter durch außergewöhnliche Textergänzungen auf der Abschlussseite

TIPP **sonstige Erfahrungen sowie Engagement, Interessen und Hobbys aufführen, Berufsbezeichnung und Ausbildungsstatus nennen, evtl. Texte auf 2. und 4. Seite kürzen und auf einer Seite unterbringen**

12. Lektion — Greifen Sie unbedingt vor der Bewerbung zum Telefon

Die meisten Bewerber tun sich unendlich schwer damit, ihren potenziellen »Auftraggeber«, dessen Probleme sie ja lösen wollen, anzurufen. Lediglich 10 Prozent greifen während der Stellensuche zum Hörer. Dabei liegen die Vorteile eines Telefonats klar auf der Hand: Durch einen gut vorbereiteten Anruf können Sie Ihre Kommunikationsfähigkeit unter Beweis stellen. Schließlich suchen die meisten Unternehmen kontaktfreudige und kommunikative Mitarbeiter. Außerdem erfahren Sie eventuell auf diese Weise Details, die Ihnen bei Ihrer schriftlichen Bewerbung sehr nützlich sein könnten.

Durch ein Vorabtelefonat wecken Sie Interesse und können Sympathiepunkte für sich gewinnen. Der Faktor Sympathie entscheidet maßgeblich bei der Bewerberauswahl.

Je häufiger Sie das Telefon in Bewerbungssituationen einsetzen, umso geübter und auch erfolgreicher werden Sie.

Alina Marlicher

Hedwig-Dohm-Weg 3
65510 Idstein
a.marlicher.chemie@gmail.com
Tel. 0152 55578755

Bundesverwaltungsamt
Servicestelle Personalgewinnung

Idstein, 28.05.2017

**Bewerbung als Kriminaltechnikerin am Bundeskriminalamt
Kennziffer BKA-2017-099**

Sehr geehrte Damen und Herren,

für mein **Chemiestudium an der Hochschule Fresenius** habe ich mich sehr bewusst entschieden, weil ich dort den **Schwerpunkt Forensik** wählen konnte. Ab Juli habe ich den **Bachelor of Science** und stehe Ihrem Haus als ambitionierte Mitarbeiterin sehr gerne zur Verfügung.

Erste praktische Erfahrungen konnte ich bei vielfältigen Aufgaben gewinnen, die dem Nachweis körperfremder Substanzen dienten, insbesondere Drogen. In meiner Bachelorarbeit untersuchte ich, in welchem Maße neuere Verfahren zum Nachweis von K.o.-Tropfen praktisch anwendbar und aussagefähig sind, insbesondere im Zusammenhang mit der Sedierung von Opfern sexueller Gewalt. **Das Praktikum beim Landeskriminalamt Berlin** verschaffte mir Kenntnisse zu Analysemethoden von Designerdrogen. **Meine Auslandspraktika** (London, Prag) haben mit dazu beigetragen, nicht nur meine Sprachkenntnisse auszubauen, sondern wegweisende Verfahren in Forschungsinstituten kennenzulernen, die international besetzt und vernetzt sind.

Über Berufspraxis im Labor verfüge ich (neben einer mehrjährigen Aushilfstätigkeit) vor allem durch die **Ausbildung zur Chemielaborantin**. Diese hatte ich begonnen, um die lange Wartezeit bis zum Studienbeginn sinnvoll zu nutzen, und beendete sie vorzeitig, als ich früher als erwartet die Zusage für meinen Studienplatz erhielt. In diesen zwei Jahren habe ich sehr viel gelernt und konnte anschließend die theoretischen Studieninhalte effektiver lernen und umsetzen.

Nun möchte ich meine vielseitigen Fähigkeiten in den Dienst der Aufklärung von Straftaten stellen, die besonders schwer wiegen und die Sicherheit unseres Landes bedrohen. Mit viel Einsatzfreude, Sorgfalt und Spürsinn möchte ich mich bei Ihnen einbringen. Meine kooperative, flexible Arbeitsweise wird mir helfen, mich an die – sicher nicht immer ganz leichten – Arbeitsbedingungen anzupassen.

Mit der Zuversicht, ausgewählt und zu einem Gespräch eingeladen zu werden,
verbleibe ich mit freundlichen Grüßen

Alina Marlicher

Lebenslauf Alina Marlicher

Studium, Ausbildung, Schule

10.2013 – 06.2017

Angewandte Chemie für Analytik, Forensik und Life Science an der Hochschule Fresenius Idstein

Schwerpunkte: forensische und pharmazeutische Analytik, insb. neue Methoden der Drogenanalyse

Abschluss: Bachelor of Science, Note: vorauss. 1,2

09.2011 – 08.2013

Ausbildung zur Chemielaborantin bei der Tarek GmbH, Erlangen

Schwerpunkt: medizinische Analytik

06.2011

Abitur am Toni-Sailer-Gymnasium Zwiesel, Note: 1,9

Praktika und Job

01.2017 – 03.2017

Praktikum Applying Advanced Chemistry am Institute for Chemical Technology, Prag

Einblick in die Entwicklung neuer immunologischer Nachweisverfahren von Anabolika

06.2016 – 08.2016

Praktikum forensische und pharmazeutische Analytik im Landeskriminalamt Berlin, LKA KT 43 Allgemeine Chemie

Einblick in die Analyse von Designerdrogen

10.2015 – 03.2016

Berufspraktisches Semester am King's College, London

Mitarbeit beim Nachweis von Drogen auf Geldscheinen

01.2011 – 06.2011

Aushilfstätigkeit bei der Letizia Analytics GmbH, Nürnberg

Was mich auszeichnet ...

- In Kürze sehr guter B. SC. Abschluss in Chemie, Schwerpunkt Forensik
- Fachspezifische Praktika, u. a. im Ausland
- Zweijährige Berufserfahrung im Labor
- Wissbegierde, Sorgfältigkeit, Teamfähigkeit, Belastbarkeit

Technische und sprachliche Kompetenzen

MS Office Word, Excel, PowerPoint, Access: sichere Kenntnisse

Versierter Umgang mit enzymatisch-immunologischen Analysen und Gaschromatografie mit Massenspektrometrie

Englisch verhandlungssicher

Spanisch konversationssicher

Kontakt und Persönliches

Hedwig-Dohm-Weg 3, 65510 Idstein

a.marlicher.chemie@gmail.com

Tel. 0152 55578755

Geboren am 02.06.1992, Zwiesel

**Bewerbung als Kriminaltechnikerin am Bundeskriminalamt
Kennziffer BKA-2017-099**

Sehr geehrte Damen und Herren,

hier in der Anlage meine Bewerbung.
Für mein **Chemiestudium an der Hochschule Fresenius**
habe ich mich sehr bewusst entschieden, weil ich dort
den **Schwerpunkt Forensik** wählen konnte.
Ab Juli habe ich den **Bachelor of Science** und stehe Ihrem Haus
als ambitionierte Mitarbeiterin sehr gerne zur Verfügung.
Lesen Sie mehr über mich und was ich Ihnen anzubieten habe.

Mit freundlichen Grüßen

Alina Marlicher

Hedwig-Dohm-Weg 3
65510 Idstein
a.marlicher.chemie@gmail.com
Tel. 0152 55578755

Bewerbung_Alina Marlicher.pdf

Kommentierte Unterlagen

Zu den Bewerbungsunterlagen von Alina Marlicher (Chemikerin)

Anschreiben

- Aufmerksamkeitssteigerung durch gefettete Textpassagen, insgesamt eher klassisches Design
- konservativ-klassische Betreffzeile und Anrede → bei einer Behörde vollkommen angemessen
- gelungene erste Textzeile, insgesamt sehr guter Einstieg
- überzeugende Argumentation zu Motivation und ersten Berufserfahrungen → besonderer USP
- optisch interessant gestaltet, vorbildliche Zeilenführung unterstützt bestens Lese- und schnellen Verständnisprozess
- gute optische Signale durch Fettungen → Keywords werden noch deutlicher
- Anschreiben wirkt relativ kurz, obwohl der linke Rand deutlich verkürzt wurde und die Zeilen alle sehr lang sind

TIPP **Absenderinformationen kreativer gestalten, Namen des Hauptverantwortlichen recherchieren und dadurch unpersönliche Anrede ergänzen**

Foto

- sympathischer erster Eindruck, schon etwas außergewöhnliche Platzierung
- Qualität und Format bestens

TIPP **leichter Anschnitt am Kopf würde das Bild viel dynamischer wirken lassen**

Lebenslauf

- besonderer Eindruck durch Komprimierung auf nur eine Seite
- Aufmerksamkeitssteigerung durch sehr interessantes Design
- außergewöhnliche Platzierung der Kontaktdaten und persönlichen Informationen
- gut ausgewählte und platzierte Abschnitte
- sehr gute Vermittlung von Kompetenz, Erfahrungen und USP (Was mich auszeichnet …)
- sehr hoher Informationsgehalt, minimalistisch, mit relativ einfachen Mitteln sehr gut gelöst
- positive optische Anreize durch Format, Umfang und Aufteilung
- außergewöhnlicher, in zwei Spalten strukturierter Kurz-Lebenslauf, erfüllt bestens seinen Zweck

TIPP **unbedingt Unterschrift ergänzen**

E-Mail

- minimalistischer Text, der das Wichtigste zusammenfasst

13. Lektion — Setzen Sie (auch) auf Initiativbewerbungen

Experten gehen davon aus, dass etwa 20 bis 30 Prozent aller Arbeitsplätze über eine Initiativbewerbung erobert werden. Personalchefs interpretieren diese Form des Vorgehens als Hinweis auf eine starke Motivation sowie auf Ziel- und Erfolgsorientierung. Logisch, dass solche Bewerber bevorzugt werden, wenn es die Stellensituation zulässt. Das entscheidende Kommunikationsziel bei der Initiativbewerbung ist das gekonnte Beantworten der Frage, warum man sich gerade für dieses spezielle Unternehmen interessiert und was man Besonderes anzubieten hat. Natürlich sind das Aspekte, die es bei jeder Bewerbung inhaltlich auszufüllen gilt, bei einer Initiativbewerbung ist dies jedoch eine ganz besondere Herausforderung, denn es kommt darauf an, einen vielleicht noch gar nicht erkannten Bedarf zu wecken.

Zugegeben: Es liegt nicht jedem, sich selbst optimal zu inszenieren und damit „Selbstbeweihräucherung" zu betreiben. Insbesondere bei der Präsentation ihrer beruflichen Leistungskraft tun sich viele schwer. In diesem Fall ist es empfehlenswert, sich Rat von Bewerbungsexperten zu holen.

Julio Sanchez-Schmidt ▪ Schillerstraße 9 ▪ 52064 Aachen
Telefon 0173 7654321 ▪ E-Mail: julio.sanchez-schmidt@tmail.com

MAHLE GmbH
Herrn Stefan Krause – Personalleitung
Pragstraße 26–46
70376 Stuttgart

14. März 2017

**Ihr Stellenangebot auf mahle.com mit der Referenznummer ST157/17
Konstruktionsingenieur in der Produktentwicklung**

Sehr geehrter Herr Krause,

es wird Sie nicht verwundern, dass ich angesichts Ihrer Tätigkeitsschwerpunkte, Ihrer Produktionsstätten in Deutschland und Spanien und Ihrer Vertriebsexpansion in Richtung Lateinamerika gerade für mich in Ihrem Unternehmen attraktive Perspektiven für meine berufliche Zukunft und ideale Entfaltungsmöglichkeiten für meine bisherige internationale Berufspraxis in den Bereichen Konstruktion und Entwicklung sehe.

Mein Maschinenbaustudium am Institut für Kraftfahrzeuge der Rheinisch-Westfälischen Hochschule Aachen werde ich im Juli dieses Jahres mit dem M. Sc. Fahrzeugtechnik und Transport abschließen. Derzeit verfasse ich meine Masterarbeit, in der ich mich mit neuen Konzepten zur Getriebeoptimierung auseinandersetze.

Eingangs deutete ich bereits an, dass mich neben Ihren richtungsweisenden Produkten Ihre spanischen Niederlassungen und Ihre Erfolge in Südamerika begeistern. – Dank meines spanischen Vaters habe ich im Laufe der Jahre sehr viel Zeit in Spanien verbracht und fühle mich dort genauso wohl und zu Hause wie in Deutschland.

So sammelte ich z. B. in der Zeit zwischen dem Bachelor- und Masterstudium eine recht umfangreiche Entwicklungs- und Konstruktionspraxis in zwei spanischen Unternehmen. Als Entwickler bei CIE Automotive S.A. in Bilbao übernahm ich bereits wichtige Schnittstellenaufgaben zwischen Projektbeteiligten und führte Änderungskonstruktionen mit dem Programm Catia durch. Unmittelbar davor war ich in der Region Valencia beim Sportwagenhersteller GTA als Konstrukteur für Optimierungsprojekte verantwortlich und habe in diesem Zusammenhang auch technische Dokumentationen erstellt.

Dank meines vielschichtigen Fach- und Erfahrungshintergrunds können Sie von mir erwarten, dass ich auch für komplexe Problemstellungen rasch effektive Lösungen entwickle und umsetze. Ein gutes Beispiel dafür ist meine schnelle Einarbeitung in die Werkzeugentwicklung bei CIE Automotive.

Ihrer Anzeige entnehme ich, dass Sie die Stelle des Konstruktionsingenieurs in der Produktentwicklung zum nächstmöglichen Termin besetzen wollen. Direkt im Anschluss an meinen Masterabschluss im Juli will ich voll für Sie durchstarten! Meine Gehaltsvorstellungen liegen bei 50 000 Euro im Jahr.

Natürlich hoffe ich nun sehr, dass es mir gelungen ist, Ihre Neugier auf meine technische Kompetenz und meine Energie zu wecken. In diesem Fall freue ich mich über Ihre Einladung zu einem persönlichen Gespräch.

Mit freundlichen Grüßen

Julio Sanchez-Schmidt

Anlagen

LEBENSLAUF

Julio Sanchez-Schmidt
Schillerstraße 9
52064 Aachen
Telefon 0173 7654321
E-Mail: julio.sanchez-schmidt@tmail.com
linkedin.com/pub/julio.sanchez-schmidt

geboren am 24. Mai 1992 in Düsseldorf
verheiratet, örtlich flexibel

MASTERSTUDIUM

seit 10.2015 **Rheinisch-Westfälische Technische Hochschule Aachen**
Maschinenbaustudium am Institut für Kraftfahrzeuge, Prof. Dr.-Ing. Lutz Eckstein
Schwerpunkte:
- Technische Mechanik
- Werkstoffkunde
- Regelungs- und Fertigungstechnik

Masterarbeit: „Neue Konzepte zur Steigerung des Wirkungsgrades von Getrieben"
Abschluss M. Sc. Fahrzeugtechnik und Transport voraussichtlich Juli 2017

BERUFSPRAXIS ZWISCHEN MASTER- UND BACHELORSTUDIUM

02.2015–07.2015 **CIE Automotive S.A., Bilbao, Spanien**
Spanischer Automobilzulieferer auf dem Gebiet der Schmiede- und Gusstechnik
Entwickler mit den Tätigkeitsschwerpunkten:
- Durchführung von Simulationen von Gussteilen zur Werkzeugausstattung
- Analyse eingehender CAD-Daten unter dem Aspekt der Bauteilauslegung
- Organisation von Abmusterungen und Analyse von Testergebnissen
- Unterstützung der Konstrukteure bei der Auslegung von Werkzeugen
- Abbildung und Bearbeitung von Verbesserungsmaßnahmen
- Anpassen der CAE-Systeme durch Vergleich der Bauteile/Prüfergebnisse
- Korrespondenz mit den Lieferanten auf Spanisch und Englisch

09.2014–01.2015 **Spania GTA, Ribarroja del Turia (Region Valencia), Spanien**
Sportwagenhersteller
Konstrukteur mit den Tätigkeitsschwerpunkten:
- Planung und Optimierung von Produktionsanlagen
- Unterstützung der Produktionsmitarbeiter bei technischen Problemen
- Auslegung von Anlagen und Bauteilen
- Ausarbeitung von PowerPoint-Präsentationen
- Ansprechpartner für englisch- und deutschsprachige Kunden

BACHELORSTUDIUM

10.2011–07.2014 Technische Universität Berlin
Maschinenbaustudium mit den Schwerpunkten Konstruktion und Fertigungstechnik
Bachelorarbeit: „Computermodell für ein energieeffizientes Bremssystem"
Note der Bachelorarbeit: 1,4
Abschluss B. Sc. Maschinenbau mit der Gesamtnote 1,8 im Juli 2014

⚙ PRAKTIKA (AUSWAHL)

06.2016 – 09.2016 **Tower Automotive Holding GmbH, Köln**
Automobilzulieferer für Karosserie-Komponenten
Praktikant mit den Aufgabenschwerpunkten:
- Implementierung von Prozessoptimierungsmaßnahmen (Six Sigma)
- Unterstützung in der Qualitätskontrolle (Kaizen)
- Rechnerunterstützte Konstruktion von Karosserierahmen

08.2012 – 09.2012 **Albrecht-Maschinenbau-GmbH, Hannover**
Pumpen und Anlagetechnik
Praktikant mit den Aufgabenschwerpunkten:
- Planung der Produktion von Bauteilen
- Unterstützung des Produktionsleiters im Tagesgeschäft
- Aufstellen und Umsetzen von Wartungsplänen für Betriebsmaschinen

⚙ STUDENTISCHES ENGAGEMENT

10.2015 – 09.2016 **Rheinisch-Westfälische Technische Hochschule Aachen**
Fachschaftsratsvorsitzender des Studiengangs Maschinenbau
am Institut für Kraftfahrzeuge
Organisationsmanagement; Ansprechpartner für Studenten und Professoren

⚙ SCHULBILDUNG

08.2002 – 07.2011 Geschwister-Scholl-Gymnasium Düsseldorf
Leistungskurse: Mathematik und Physik
Abitur im Juli 2011 mit der Note 1,6

⚙ IT-KENNTNISSE

sehr gute Anwenderkenntnisse: MS Office (Excel, Word, PowerPoint, Outlook)
gute Anwenderkenntnisse: Catia, Moldflow, Abaqus
erweiterte Anwenderkenntnisse: C#, Java; AutoCad, SolidWorks
Grundkenntnisse: Ansys, Unigraphics, Matlab, Maple, DraftSight

⚙ SPRACHEN

muttersprachliches Deutsch und Spanisch (deutsche Mutter, spanischer Vater)
verhandlungssicheres Englisch

⚙ HOBBYS

Motorsport, Fußball, Reisen

Aachen, im März 2017   *Julio Sanchez-Schmidt*

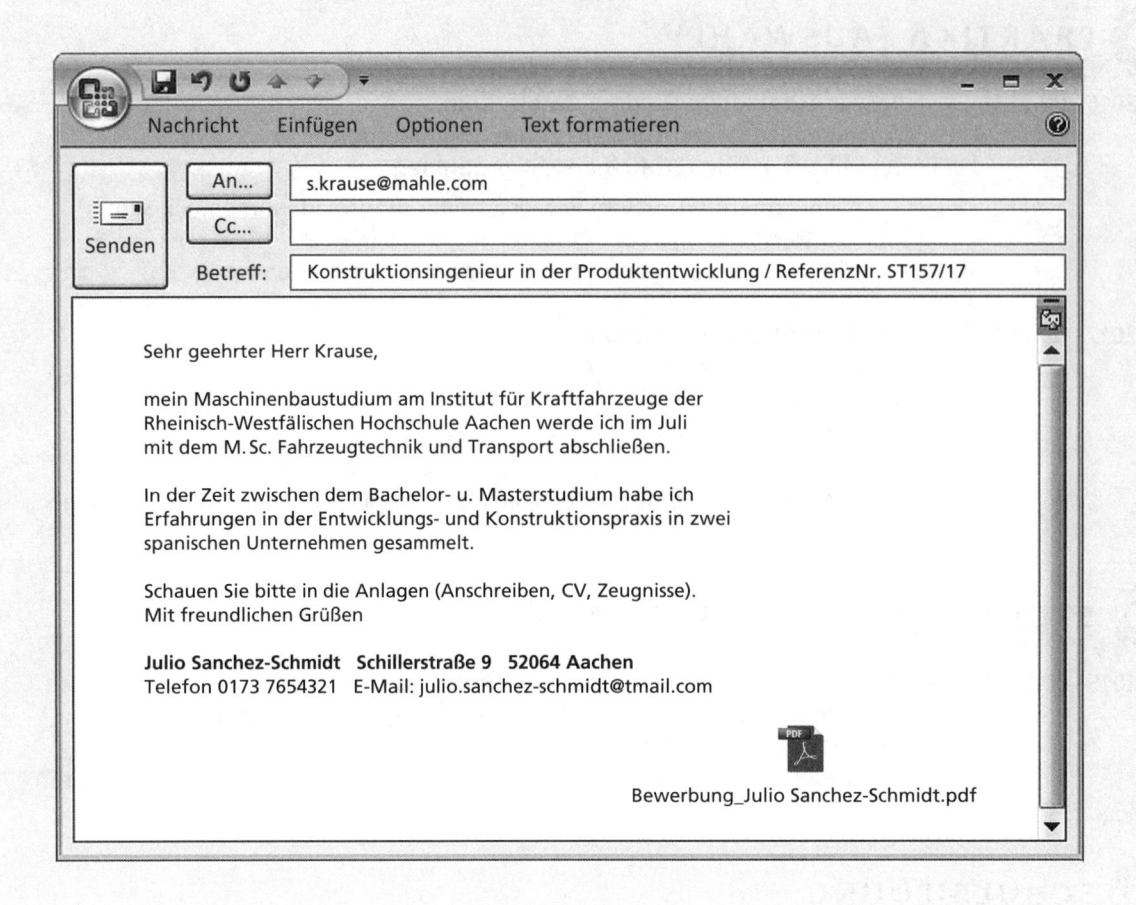

Nachricht **Einfügen** **Optionen** **Text formatieren**

An... s.krause@mahle.com
Cc...
Betreff: Konstruktionsingenieur in der Produktentwicklung / ReferenzNr. ST157/17

Sehr geehrter Herr Krause,

mein Maschinenbaustudium am Institut für Kraftfahrzeuge der Rheinisch-Westfälischen Hochschule Aachen werde ich im Juli mit dem M. Sc. Fahrzeugtechnik und Transport abschließen.

In der Zeit zwischen dem Bachelor- u. Masterstudium habe ich Erfahrungen in der Entwicklungs- und Konstruktionspraxis in zwei spanischen Unternehmen gesammelt.

Schauen Sie bitte in die Anlagen (Anschreiben, CV, Zeugnisse).
Mit freundlichen Grüßen

Julio Sanchez-Schmidt   Schillerstraße 9   52064 Aachen
Telefon 0173 7654321   E-Mail: julio.sanchez-schmidt@tmail.com

Bewerbung_Julio Sanchez-Schmidt.pdf

14. Lektion   Wie Sie Stellenanzeigen richtig einschätzen

Mit Stellenanzeigen, egal ob in den Printmedien oder im Internet, werben Unternehmen um Aufmerksamkeit und um Mithilfe bei der Lösung von Problemen. Beachten Sie auch die branchenspezifischen Fachpublikationen.

Lassen Sie sich weder blenden noch zu schnell von Anzeigen und Anforderungen entmutigen. Hier gilt das Gleiche wie für Sie als Bewerber: Ein »schlechter« Text bedeutet nicht automatisch eine »schlechte« Firma bzw. Aufgabe und umgekehrt, ein »guter« Text ist keine Garantie, dass die Arbeitswirklichkeit auch so aussieht. Wenn Sie mehr als 50 Prozent der Anforderungen erfüllen, lohnt sich immer der Versuch einer überzeugenden Bewerbung.

Natürlich ist etwas besser, noch mehr Anforderungen zu erfüllen, aber auch dies ist kein Garant dafür, eingeladen zu werden.

Wichtig ist es, zu ergründen, was der Stellenausschreiber wirklich möchte. Oftmals weiß er / sie das aber selber nicht ganz so genau. Ein Telefonat kann helfen.

Zu den Bewerbungsunterlagen von Julio Sanchez-Schmidt (Maschinenbau-Ingenieur)

Anschreiben

- positiver erster Eindruck, wenn auch ein bisschen viel Text
- sehr großer Umfang, etwas weniger wäre besser
- gute Gestaltung, aber insbesondere links etwas zu schmaler Rand
- gute Aufteilung durch relativ kurze Absätze, sehr ordentliche Zeilenführung
- gut gelungene Absendergestaltung
- Einleitungssatz sehr gelungen, gut argumentiert
- hoher Informationsgehalt, überzeugende Argumente für den Bewerber

TIPP **Umfang kürzen oder mehr optische Hervorhebungen verwenden, Berufsbezeichnung und Social-Media-Daten in Absenderinformationen nennen, beim Gehaltswunsch besser eine Spanne angeben, Zeilenführung überarbeiten und dabei mehr auf inhaltliche Zusammenhänge achten**

Foto

- starkes Foto: durch dunklen Hintergrund leicht geheimnisvoll, dadurch hoher Aufmerksamkeitswert
- gute Qualität, angemessenes Format, wenn auch recht klassisch

TIPP **ein quadratisches Format wäre eventuell sogar noch besser**

Lebenslauf

- viel Stoff auf nur 2 Seiten, aufmerksamkeitssteigernder Effekt durch grafische Elemente (Zahnräder), optisch außergewöhnlich
- sehr ansprechendes Design ohne übertriebenes grafisches Chichi, sehr gute Zeilenführung
- gute Absendergestaltung mit Verweis auf Linkedin-Profil
- guter, klassischer Auftakt
- sehr schön das aufgeführte studentische Engagement und die Aufzählung von drei Hobbys (mehr sollten aber nicht erwähnt werden)
- gut vermittelter, hoher Informationsgehalt
- eher geringer Umfang, der aber aufgrund des sehr guten Inhalts ausreicht

TIPP **Angabe »verheiratet« durch »keine Kinder« oder »1 Kind« etc. ergänzen, Zahnräder etwas filigraner gestalten**

E-Mail

- nicht ganz minimalistisch, aber doch angenehm kurz
- gute Absatzgestaltung, leider ohne besondere Auffälligkeiten

Christian Opitz • Richard-Wagner-Straße 11 • 24103 Kiel • Telefon: 01577 1834556 • E-Mail: copitz@yahoo.de

MASTER OF ENGINEERING

AWINDO GmbH & Co. KG
Frau Katrin Gräser
Überseeallee 1
20457 Hamburg

Kiel, 1.11.2017

Junior Referent – Technische Projektentwicklung Onshore-Windanlagen
Kontakt-Messe in Hamburg

Sehr geehrte Frau Gräser,

nochmals herzlichen Dank, dass Sie sich gestern auf der Kontakt-Messe in Hamburg die Zeit für das sehr freundliche und informative Gespräch mit mir genommen haben. Wie gewünscht sende ich Ihnen nun meine Bewerbungsunterlagen für die Stelle als Junior Referent.

Besonders in einer Zeit, in der fast jeder sogenannte Fortschritt eine Belastung für unsere Umwelt darstellt, gilt der Erhaltung einer lebenswerten Umwelt und damit den regenerativen Energien mein ganz besonderes Interesse.

Aufgrund dieser Leidenschaft – gepaart mit einer großen Technikbegeisterung – entschied ich mich für das Studium mit Schwerpunkt Regenerative Energien. Sowohl im Praxissemester als auch in der Bachelorarbeit habe ich mich intensiv mit Windkraftanlagen beschäftigt und bereits umfangreiche Erfahrungen gesammelt.

In meiner Arbeit zeichne ich mich durch kreative Ideen und einen sicheren Sinn für das Machbare aus. Stets setze ich mich mit außergewöhnlichem Engagement für meine Aufgaben und Projekte ein. Es bereitet mir Freude, mit vielen Beteiligten zuverlässig und teamorientiert zusammenzuarbeiten, um gemeinsam Ziele zu erreichen.

Gerne möchte ich meine Kenntnisse künftig in der technischen Projektentwicklung von Onshore-Windanlagen für Sie einsetzen und in einem dynamischen Team die Herausforderungen der Zukunft meistern.

Für ein persönliches Gespräch stehe ich flexibel zur Verfügung.

Mit freundlichen Grüßen

Christian Opitz

Anlagen

Christian Opitz • Richard-Wagner-Straße 11 • 24103 Kiel • Telefon: 01577 1834556 • E-Mail: copitz@yahoo.de

MASTER OF ENGINEERING

Energie ...

... ist Leben.

... ist Zukunft.

... ist ein globales Gerechtigkeitsthema.

Kurzprofil

- Fundierte akademische Ausbildung mit Schwerpunkt Regenerative Energien
- Praxissemester im Projektmanagement Windkraftanlagen
- Bachelorthesis zum Thema Windkraftanlagen
- Sehr selbstständige und gleichzeitig teamorientierte Arbeitsweise
- Ausgeprägte Kreativität und sicherer Sinn für das Machbare

Christian Opitz • Richard-Wagner-Straße 11 • 24103 Kiel • Telefon: 01577 1834556 • E-Mail: copitz@yahoo.de

MASTER OF ENGINEERING

Persönliche Daten

Geboren am 1.7.1992 in München
Verheiratet, eine zweijährige Tochter

Studium

10.2015 – 10.2017 **Universität Karlsruhe**

Masterstudiengang Elektrotechnik & Informationstechnik

- Schwerpunkt: Regenerative Energien
- Masterarbeit: „Hochtemperatur-beständige Beschichtungen für Solaranlagen" (Note: 2,1)
- Abschluss: Master of Engineering (Note: 2,3)

10.2011 – 04.2015 **Hochschule Ravensburg-Weingarten**

Bachelorstudiengang Elektrotechnik

- Schwerpunkt: Regenerative Energien
- Bachelorarbeit: Windkraftanlagen Onshore und Offshore – eine vergleichende Studie (Note: 1,8)
- Abschluss: Bachelor of Engineering (Note: 2,0)

Praxissemester

2014 **AOH GmbH, Kiel**

Projektmanagement Windkraftanlagen

- Assistierende Unterstützung des Projektleiters in sämtlichen Aufgabengebieten

Schulbildung

07.2010 **Heinrich-Heine-Gymnasium, Kiel**

Abitur (Note: 1,9)

Sonstiges

08.2010 – 07.2011 **Schutzstation Wattenmeer Amrum**

Freiwilliges Ökologisches Jahr

- Veranstaltungen mit Schulklassen
- Aquarienpflege und Vogelzählungen

Sprachen Englisch (verhandlungssicher), Dänisch (sehr gut)
IT MS-Office (sehr gut)
Hobbys Wandern und Segeln
Naturschutz (ehrenamtliche Mitarbeit im Bund Naturschutz)

Kiel, 1.11.2017

Christian Opitz

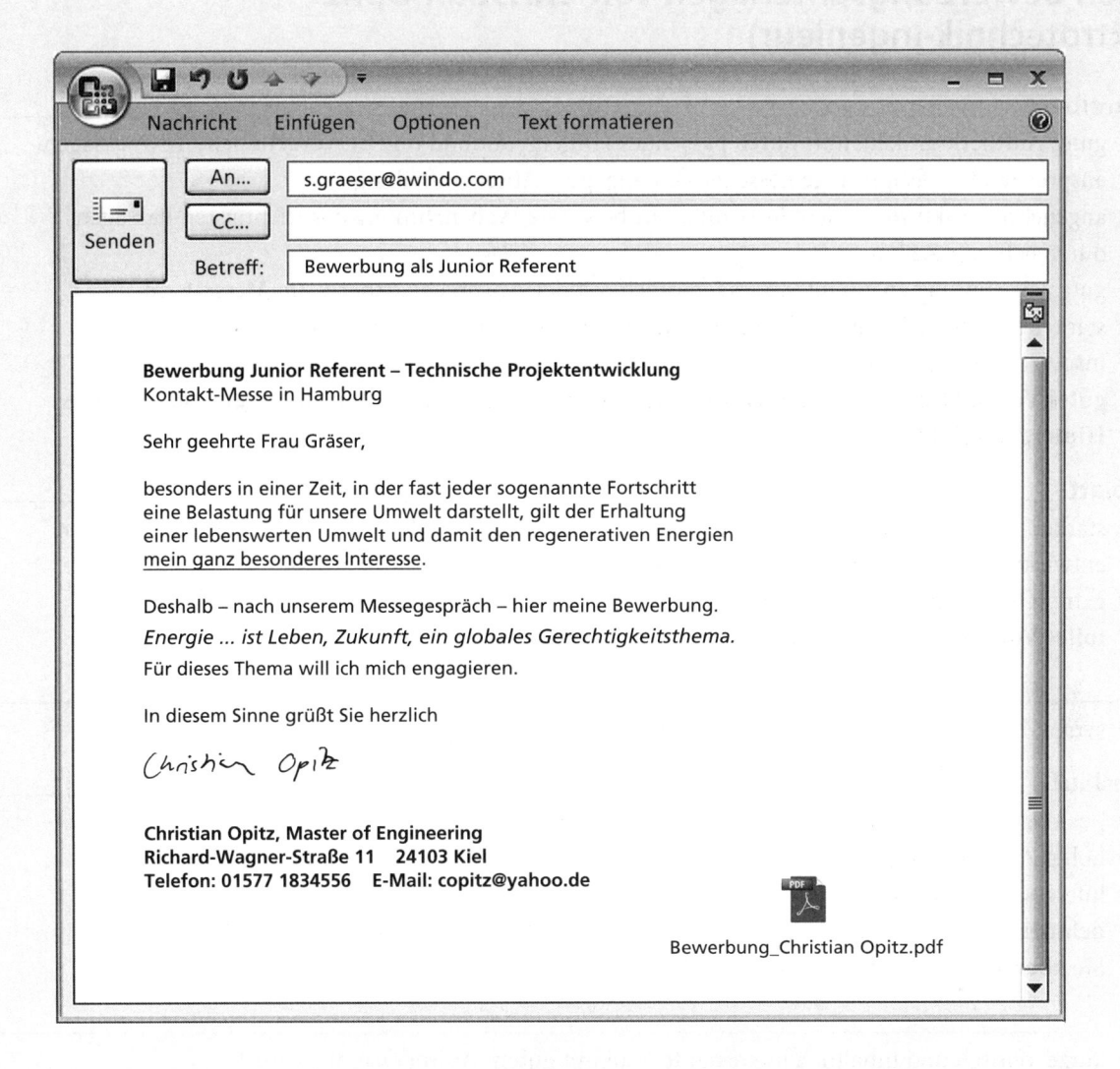

An...: s.graeser@awindo.com
Betreff: Bewerbung als Junior Referent

Bewerbung Junior Referent – Technische Projektentwicklung
Kontakt-Messe in Hamburg

Sehr geehrte Frau Gräser,

besonders in einer Zeit, in der fast jeder sogenannte Fortschritt eine Belastung für unsere Umwelt darstellt, gilt der Erhaltung einer lebenswerten Umwelt und damit den regenerativen Energien mein ganz besonderes Interesse.

Deshalb – nach unserem Messegespräch – hier meine Bewerbung.
Energie ... ist Leben, Zukunft, ein globales Gerechtigkeitsthema.
Für dieses Thema will ich mich engagieren.

In diesem Sinne grüßt Sie herzlich

Christian Opitz

Christian Opitz, Master of Engineering
Richard-Wagner-Straße 11   24103 Kiel
Telefon: 01577 1834556   E-Mail: copitz@yahoo.de

Bewerbung_Christian Opitz.pdf

Zu den Bewerbungsunterlagen von Christian Opitz (Elektrotechnik-Ingenieur)

Anschreiben
- guter Aufmerksamkeitswert durch passendes Hintergrundbild und hervorgehobene Textpassagen
- ansprechendes Design, angemessener Umfang, gute Absatzaufteilung
- angenehm strukturiert, nicht überfüllt, sehr bewusste Wahrnehmung der wichtigsten Passagen durch gefettete Zeilen
- gute Anknüpfung an ein intensives Gespräch mit der Ansprechpartnerin am Messestand
- starker Mittelteil, der überzeugend die Motivation des Kandidaten transportiert
- insgesamt gut getextet

TIPP gutes Vorbild für perfekte Zeilenführung und starken optischen Reiz durch gut ausgewähltes Hintergrundbild

Deckblatt
- starker erster Eindruck, sehr überzeugende, gut durchdachte Selbstpräsentation durch den selbst entwickelten Claim »Energie ist ...« in Kombination mit Kurzprofil und Foto
- extrem hoher Aufmerksamkeitswert

TIPP tolles Vorbild für ein kreativ gestaltetes Deckblatt

Foto
- sympathischer Eindruck, der den Aufmerksamkeitswert steigert

Lebenslauf
- positiver erster Eindruck, kommt sehr gut ohne Überschrift mit bemerkenswert wenig Platz aus
- hoher Aufmerksamkeitswert, klassisches, einfaches, aber klares Design
- interessante Hobbys und Engagements

TIPP nehmen Sie sich die Zeit und überlegen Sie, mit welchen Aussagen, Zitaten oder Claims Sie überzeugen und Ihre Bewerbung individuell gestalten können

E-Mail
- kurze, optisch und inhaltlich interessante Mail mit gutem Aufmerksamkeitswert
- durch optische Verstärker und exzellenten Motivationstext unübersehbar
- idealer Anknüpfungspunkt Messegespräch
- hervorragend getextet, macht sofort neugierig und Lust auf mehr

15. Lektion Unbedingt nachfassen

Auch nach einem Vorstellungsgespräch ist es ratsam, sich mit einem Nachfassschreiben an die Gesprächspartner – am besten per E-Mail – nochmals in positive Erinnerung zu bringen. Bedanken Sie sich für das Gespräch, knüpfen Sie kurz an die wichtigsten Gesprächspunkte an und übermitteln Sie abermals Ihre Botschaften in Bezug auf Kompetenz, Leistungsmotivation und Persönlichkeit.

Curriculum Vitae

Personal information

Name:	Jan Möb
Address:	Kirchweg 14, 89080 Ulm, Germany
Date and place of birth:	February 5, 1994, Munich
Nationality:	German

Education

September 2015 – present	Medical documentation and informatics, Fachhochschule Ulm (University of Applied Sciences)
October 2012 – August 2015	Medicine, Ludwig-Maximilians-Universität München August 2014: Physikum (intermediate examination)

Work experiences

January 2016 – present	Scientific assistant in the project "Medical research tools", Fachhochschule Ulm
March 2013 – August 2015	Temporary help at the reception desk of the Holiday Inn Hotel, Munich

Computer skills

MS Office: Access, Word, Excel and PowerPoint
Programming languages: Java, PHP, HTML
Data base: MySQL, MS SQL
Medical terminology and classification systems:
ICD, MeSH, UMLS, MedDRA
SAS, basic knowledge of statistics
XML, XML-Scheme, XSLT

Languages

German: native language
English: good skills
Spanish: basic skills

Stay in the United Kingdom

August – December 2011	Temporary help at the reception desk of the Cliff Hotel, Broadstairs/Kent
August 2009	Language trip to Liverpool
July 2007	Language trip to Sheffield

Commitment

Volunteer, taking care of exchange students, Fachhochschule Ulm

An... s.fitchew@tci.com

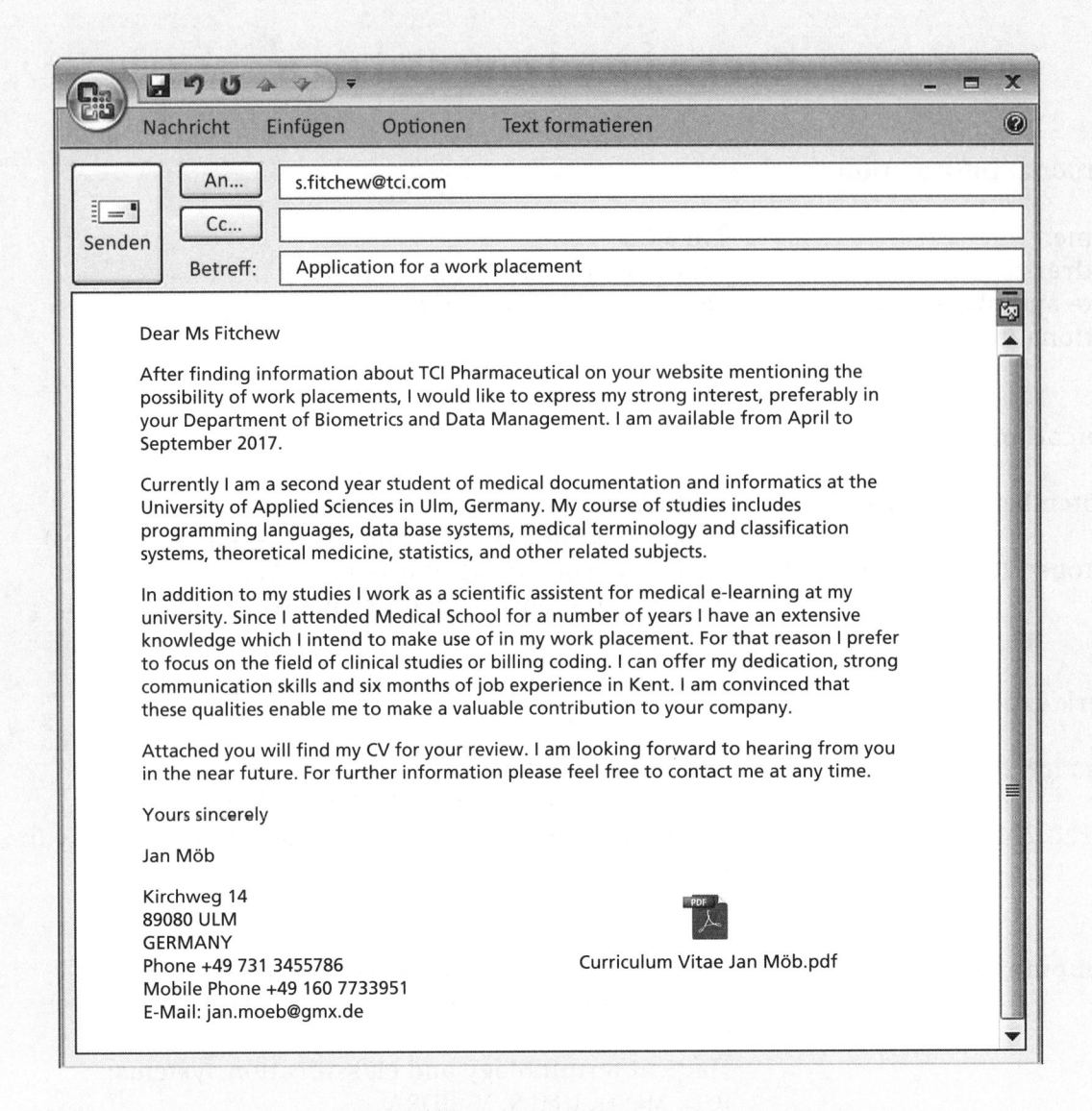

Betreff: Application for a work placement

Dear Ms Fitchew

After finding information about TCI Pharmaceutical on your website mentioning the possibility of work placements, I would like to express my strong interest, preferably in your Department of Biometrics and Data Management. I am available from April to September 2017.

Currently I am a second year student of medical documentation and informatics at the University of Applied Sciences in Ulm, Germany. My course of studies includes programming languages, data base systems, medical terminology and classification systems, theoretical medicine, statistics, and other related subjects.

In addition to my studies I work as a scientific assistant for medical e-learning at my university. Since I attended Medical School for a number of years I have an extensive knowledge which I intend to make use of in my work placement. For that reason I prefer to focus on the field of clinical studies or billing coding. I can offer my dedication, strong communication skills and six months of job experience in Kent. I am convinced that these qualities enable me to make a valuable contribution to your company.

Attached you will find my CV for your review. I am looking forward to hearing from you in the near future. For further information please feel free to contact me at any time.

Yours sincerely

Jan Möb

Kirchweg 14
89080 ULM
GERMANY
Phone +49 731 3455786
Mobile Phone +49 160 7733951
E-Mail: jan.moeb@gmx.de

Curriculum Vitae Jan Möb.pdf

---

16. Lektion — Was Sie über Business Communitys wissen sollten

Soziale Netzwerke wie XING und Linkedin bieten Ihnen die Möglichkeit, Ihr berufliches Profil im Internet zu präsentieren und gleichzeitig mögliche neue Arbeitgeber oder Firmenvertreter direkt anzusprechen. Diese können sich dann sofort ein Bild vom beruflichen Werdegang des Bewerbers machen und bei Bedarf umfangreichere Bewerbungsunterlagen anfordern.

Die Möglichkeit der Kontaktaufnahme ist hierbei teilweise mit einer kostenpflichtigen Premium-Mitgliedschaft verbunden, manchmal jedoch auch kostenfrei. Nutzen Sie die Chance der großen, branchenübergreifenden Business Communitys und gestalten Sie Ihr Profil entsprechend Ihren relevanten beruflichen Kompetenzen sowie Ihrer wichtigsten persönlichen Merkmale. Gehen Sie dann gezielt auf die Suche nach Ansprechpartnern und suchen Sie Kontakt und Austausch.

Wählen Sie eine Business Community, die von Ihren Kunden, Auftraggebern oder typischerweise auch Wunscharbeitgebern wirklich genutzt wird, und hinterlegen Sie dort Ihr Profil.

Beachten Sie, dass diese Informationen genau zu Ihrem beruflichen Hintergrund passen bzw. so gestaltet sind, dass sie Ihren schriftlichen Bewerbungsunterlagen entsprechen.

Dazu gehören immer ein passendes Foto sowie eine Auflistung der relevanten beruflichen Stationen.

Integrieren Sie außerdem den Link zu Ihrem Profil in einer Business Community in Ihre Bewerbungsunterlagen oder Ihre Visiten- bzw. Profilcard.

Zu den Bewerbungsunterlagen von Jan Möb (Informatiker)

Anschreiben
- bei dieser Bewerbung nicht vorhanden, was aber durch den ausführlichen E-Mail-Text ausgeglichen wird

Lebenslauf
- ganz klassisch-konservativ, ohne Foto, weil im angloamerikanischen Raum so üblich
- ohne großen Aufmerksamkeitswert, mit minimalistischer Absendergestaltung, da weitere Daten in der Begleitmail
- international übliche Bezeichnung: Curriculum Vitae
- Namen von Bildungseinrichtungen und Abschlüssen sollte man im Original und der übersetzten Form (soweit eindeutig) in den Lebenslauf aufnehmen
- gute Auswahl und Gliederung der Abschnitte
- Computerkenntnisse etwas umfangreicher als üblich erläutert, da sie für den Bewerber eine besondere Bedeutung besitzen
- sinnvolle Erwähnung mehrerer Aufenthalte im Zielland
- Job am Hotelempfang belegt Dienstleistungsbewusstsein, soziale Kompetenz und Belastbarkeit
- besonders wichtig im angloamerikanischen Raum: freiwillige Engagements, die Auskunft über außerberuflich erworbene Sozialkompetenzen geben
- Datum, Ort und Unterschrift sind unter englischsprachigen Lebensläufen nicht üblich

TIPP **sehr gutes Beispiel für eine klassisch-konservative englischsprachige Bewerbung**

E-Mail
- recht ausführlicher Text, der den Charakter eines Anschreibens hat, leider ohne großen Aufmerksamkeitswert, da konservativ und ganz schlicht gestaltet
- ordentliche Aufteilung in drei Hauptabsätze, unspektakuläre Absendergestaltung
- gut: namentliche Ansprache der Empfängerin
- recht hoher Informationsgehalt
- Angebot von Kenntnissen, die der Bewerber gleichzeitig erweitern will → belegt durch Aussagen zum studentischen Nebenjob und Erststudium
- insgesamt vielleicht ein wenig zu klassisch-konservativ, zu wenige optische Signale, nicht aufmerksamkeitsoptimiert

TIPP **bei einem ersten Interesse ist mit einem Anruf zu rechnen, um die Sprachkenntnisse des Bewerbers zu testen**

LEBENSLAUF

Patrick Serlach

Persönliches

Thomas-Müntzer-Str. 3, 04203 Leipzig	Anschrift
0341 5567841 oder 0175 3445978	Telefon
01.05.1994 in Braunschweig; unverheiratet	Geburt, Familienstand

Studium

Angestrebter Bachelor-Abschluss	Juli 2018
Hauptinteressen: – Angewandte Datenbanktechnologie / e-Business – geografische Informationssysteme	
Nebenfach: Geophysik	
Studium der Informatik, Studienziel Bachelor of Science, Universität Leipzig	seit Okt. 2015

Praktika / Werkstudent

Werkstudent bei der Leipziger Messe GmbH, Leipzig: Weiterentwicklung des Businessportals Design und Entwicklung eines Single-Sign-on-Kundenportals	seit Okt. 2016
Werkstudent bei der Software AG, Darmstadt: Mitarbeit bei der Angebotserstellung Entwicklung von Client-Server-Lösungen im Datenbankumfeld	Juli – August 2016
Praktikum bei Marschner IT-Service GmbH, Göttingen: Design und Pflege des technischen Kunden-Newsletters	Juli – Sept. 2015

Sonstige Praxis

Freiberufliche Tätigkeit als Webdesigner: Konzeption und Pflege der Websites von Geschäftsinhabern, Freiberuflern und Vereinen	2014 – 2015
Ausbildung als Einzelhandelskaufmann im Elektrofachgeschäft, Goslar	2010 – 2011

LEBENSLAUF

Patrick Serlach

Schul- und Weiterbildung

Gesamtschule in Aschersleben Abschluss: allgemeine Hochschulreife	2011 – 2014
Grundschule und Realschule in Goslar mittlerer Bildungsabschluss	2000 – 2010

Besondere Kenntnisse

Englisch sehr gut in Wort und Schrift	Fremdsprachen
Oracle, Adabas	Datenbanken
C++, JAVA, Natural	Programmiersprachen
Team Track, Eclipse, Tamino	Tools
WebServices, HTML, XML, J2EE	Internet
Windows, Mac OS X, LINUX	Betriebssysteme
Klasse B	Führerschein

Interessen

Taekwondo, Snowboarden	Sport
Jugendbetreuung im Technischen Hilfswerk	Engagement

Leipzig, 5. Juli 2017

Patrick Serlach

An: geyer@sap.com

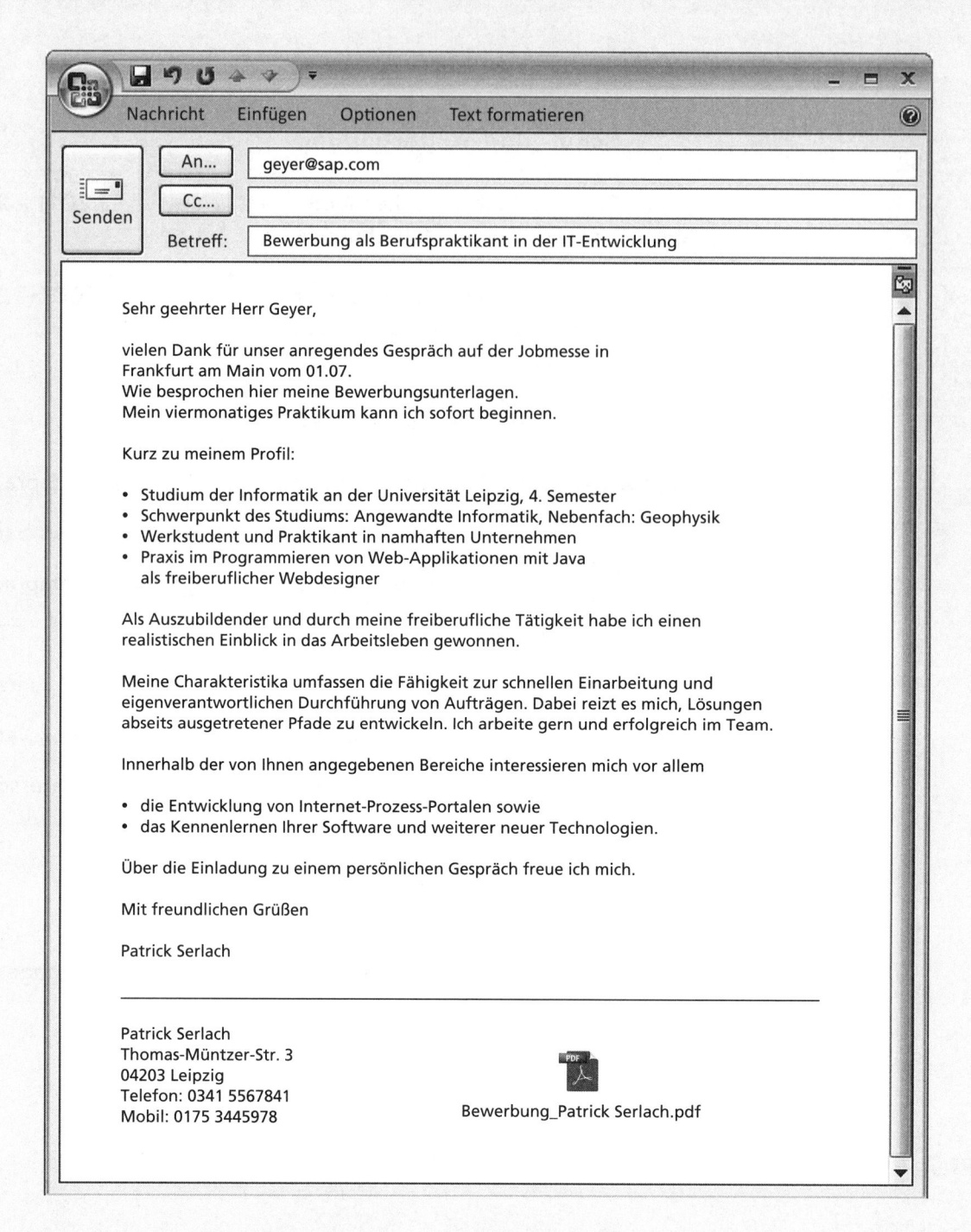

Betreff: Bewerbung als Berufspraktikant in der IT-Entwicklung

Sehr geehrter Herr Geyer,

vielen Dank für unser anregendes Gespräch auf der Jobmesse in Frankfurt am Main vom 01.07.
Wie besprochen hier meine Bewerbungsunterlagen.
Mein viermonatiges Praktikum kann ich sofort beginnen.

Kurz zu meinem Profil:

- Studium der Informatik an der Universität Leipzig, 4. Semester
- Schwerpunkt des Studiums: Angewandte Informatik, Nebenfach: Geophysik
- Werkstudent und Praktikant in namhaften Unternehmen
- Praxis im Programmieren von Web-Applikationen mit Java als freiberuflicher Webdesigner

Als Auszubildender und durch meine freiberufliche Tätigkeit habe ich einen realistischen Einblick in das Arbeitsleben gewonnen.

Meine Charakteristika umfassen die Fähigkeit zur schnellen Einarbeitung und eigenverantwortlichen Durchführung von Aufträgen. Dabei reizt es mich, Lösungen abseits ausgetretener Pfade zu entwickeln. Ich arbeite gern und erfolgreich im Team.

Innerhalb der von Ihnen angegebenen Bereiche interessieren mich vor allem

- die Entwicklung von Internet-Prozess-Portalen sowie
- das Kennenlernen Ihrer Software und weiterer neuer Technologien.

Über die Einladung zu einem persönlichen Gespräch freue ich mich.

Mit freundlichen Grüßen

Patrick Serlach

Patrick Serlach
Thomas-Müntzer-Str. 3
04203 Leipzig
Telefon: 0341 5567841
Mobil: 0175 3445978

Bewerbung_Patrick Serlach.pdf

Zu den Bewerbungsunterlagen von Patrick Serlach (Informatiker)

Anschreiben
- bei dieser Bewerbung nicht vorhanden, was aber durch den ausführlicheren E-Mail-Text ausgeglichen wird

Foto
- fehlt in diesem Fall sehr → besser eines verwenden

Lebenslauf
- klares, optisch sehr ansprechendes Design, das sich sowohl von den extravaganten als auch von den 0815-Varianten positiv abhebt
- angenehm kurzer, aber angemessener Umfang, kommt bestens ohne Deckblatt aus
- sehr gelungene Auswahl, Abfolge und Abschnittsüberschriften
- Textführung und Jahreszahlen lassen den Betrachter etwas länger auf die Präsentation schauen
- hoher Informationsgehalt, Botschaften und der Stil der Präsentation auch ohne weitere besondere optische Signale sehr gut vermittelt

TIPP **Foto einfügen, das Engagement beim Technischen Hilfswerk genauer beschreiben, Berufsbezeichnung und Verweis auf XING- oder LinkedIn-Profil in Absenderinformationen einbauen**

E-Mail
- etwas außergewöhnlich gestaltete Textblöcke, aber ohne ganz große Effekthascherei
- eher kurze Zeilen, gute Aufteilung, leichte Lesbarkeit
- guter Einleitungsabschnitt, interessante Zusammenfassung in Stichpunkten, die sofort den Blick des Lesers auf sich ziehen
- Inhalt, Botschaften und Informationsgehalt sind mehr als ausreichend, insgesamt sehr gut gelungen

TIPP **besser mit eingescannter Unterschrift, vielleicht noch ein PS und unbedingt die Berufsbezeichnung im Absenderblock**

17. Lektion — Vermeiden Sie die fünf häufigsten Bewerbungsfehler

1. Flüchtigkeitsfehler
Ihre schriftliche Bewerbung ist eine erste Arbeitsprobe. Rechtschreib- und Grammatikfehler, falsche Anrede oder Adresse, fehlende Unterschrift ... es gibt nichts, was es nicht gibt. Sicherheitshalber daher nicht nur selbst dreimal lesen, sondern anderen zur Prüfung vorlegen.

2. Fehlende Motivation
Es ist vor allem Ihre Motivation für diese Aufgabe in diesem Unternehmen, dieser Branche, die zählt. Das bringen Sie im Anschreiben, aber auch in Ihrem Lebenslauf unter.

3. Schwaches Foto
Unpassendes oder überhaupt keins: Dabei ist das Foto ein wichtiger emotionaler Weichensteller. Ergo: Sparen Sie nicht am Fotografen.

4. Keine Hobbys/Engagement/ Interessen
Dies sind sehr wichtige Themen, die Türen öffnen oder verschließen. Die Angabe von fünf und mehr wird Türen eher schließen, das politische Engagement löst nicht überall Begeisterung aus. Die Angabe, dass Sie Veganer sind oder Cello in einem Laienorchester spielen, kann Nachfragen auslösen. Daher: Überlegen Sie genau, was Sie schreiben.

5. Pessimismus
Nicht nur die besten Bewerber haben eine Chance. Durch gute Vorbereitung und exzellente Bewerbungsunterlagen können Sie einiges an Unzulänglichkeiten ausgleichen.

LEBENSLAUF

PERSÖNLICHE DATEN

Yvonne Mortiema
Informatikerin / Mathematikerin

Tannenweg 5
91052 Erlangen
eMail: y.mortiema@gmail.com
Mobil: 0175 4451686

Geburtsdatum: 13.09.1992
Geburtsort: Leipzig
Familienstand: ledig

STUDIUM UND AUSBILDUNG

Oktober 2015 – Januar 2017
Computational Engineering (Master of Science) an der **Friedrich-Alexander-Universität Erlangen-Nürnberg** (Gesamtnote: 1,9)
- Schwerpunktfächer:
  - Computational optics
  - Pattern recognition
  - Strömungsmechanik
- Masterarbeit: "Bragg gratings in semiconductor waveguides"

Oktober 2011 – Juni 2015
Studium der Mathematik (Bachelor of Science) an der **Universität Bayreuth** (Gesamtnote: 2,1)
- Schwerpunktfächer:
  - Computergestützte Matrix- und Vektorrechnung
  - Partielle Differenzialgleichungen
- Bachelorarbeit: „Beweis mit Stone-Weierstraß-Theorem"

Januar 2013 – Juni 2014
Auslandssemester an der **University of Victoria**, Kanada
- Kurse: Finite mathematics, scientific computing, intermediate ordinary differential equations

August 2002 – Juni 2011
Albert-Schweitzer-Gymnasium, Leipzig
Abitur (Note: 2,3)

LEBENSLAUF

PRAKTISCHE ERFAHRUNGEN

Oktober 2014 – Juni 2015
Universität Bayreuth
Studentische Hilfskraft am Mathematischen Institut
- Aufgaben: Organisation und Durchführung von Lehrveranstaltungen, Betreuung von Bachelorarbeiten, Erstellung von Vorlesungsunterlagen

Juli 2015 – September 2015
ENERGENT AG in Bayreuth
Praktikum im Bereich Solaranlagen
- Aufgaben: Projektierung und Simulationen von Solaranlagen, Forschung und Entwicklung

August 2011 – Dezember 2012
BEW Bayreuther Energie- und Wasserversorgungs-GmbH
Freie Mitarbeiterin im Kundendienst
- Aufgaben: Kundenbetreuung, Tele-Marketing, Recherchetätigkeiten, Kundenbefragungen

SONSTIGE KENNTNISSE

Sprachen:
Deutsch (Muttersprache)
Englisch (fließend)
Französisch (Grundkenntnisse)

PC-Kenntnisse:
Microsoft Office (Outlook, Word, Excel, PowerPoint), C++, Java und JavaScript, Internet, Lotus Notes, Adobe Acrobat, Photoshop

INTERESSEN UND ENGAGEMENT

September / Oktober 2016
Mitglied des Organisationskomitees für die Examensfeier der Absolventen der Technischen Fakultät der Friedrich-Alexander-Universität Erlangen-Nürnberg

seit November 2015
Mitglied der Arbeitsgruppe „Scientific Computing"

Mai 2011 – Juni 2014
Organisation und Durchführung nationaler und internationaler Tagungen und Seminare an der Universität Bayreuth

Freizeitaktivitäten
Schach
Fotografie
Jogging

Erlangen, 27.01.2017

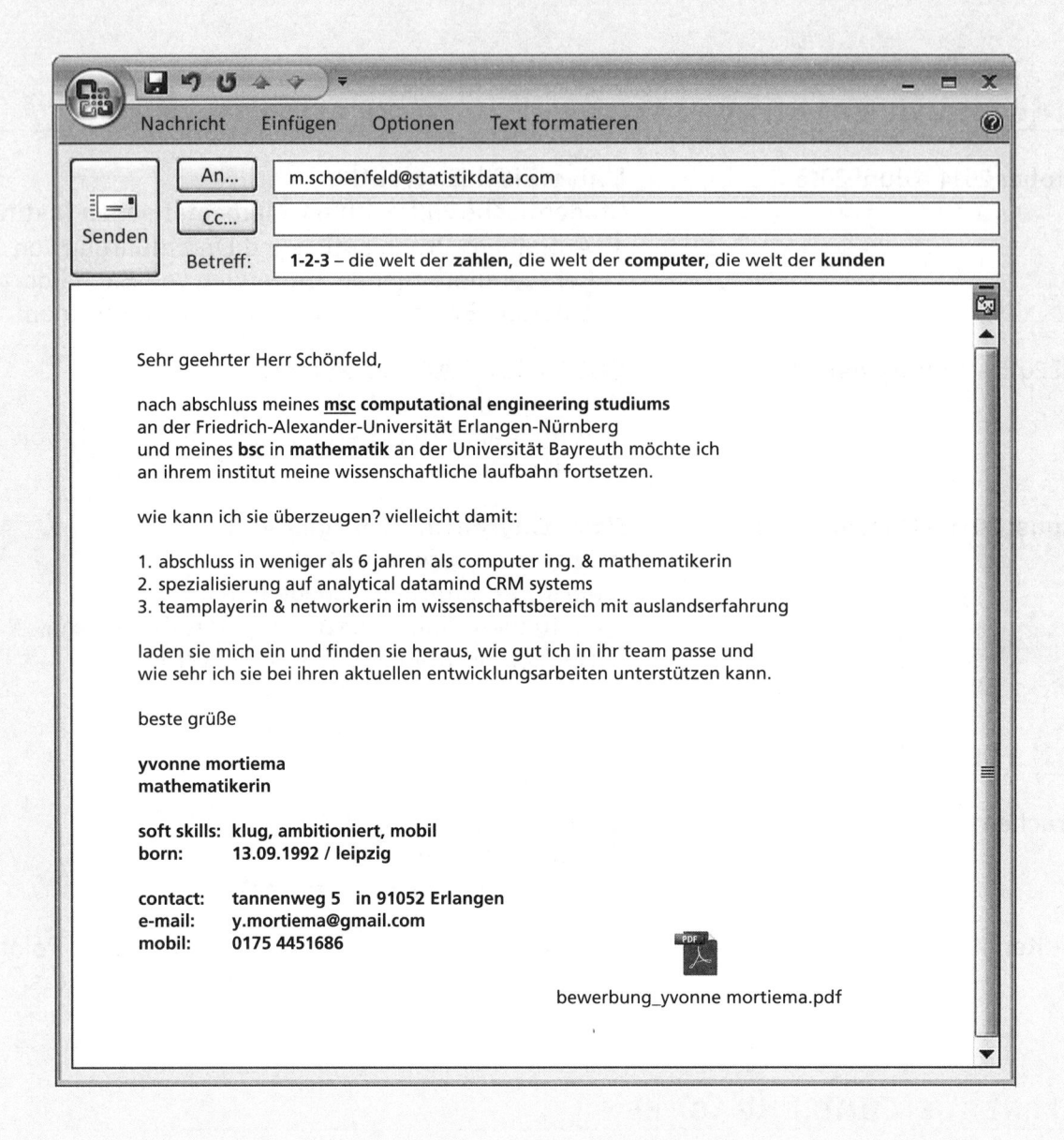

An... m.schoenfeld@statistikdata.com
Cc...
Betreff: **1-2-3** – die welt der **zahlen**, die welt der **computer**, die welt der **kunden**

Sehr geehrter Herr Schönfeld,

nach abschluss meines **msc computational engineering studiums**
an der Friedrich-Alexander-Universität Erlangen-Nürnberg
und meines **bsc** in **mathematik** an der Universität Bayreuth möchte ich
an ihrem institut meine wissenschaftliche laufbahn fortsetzen.

wie kann ich sie überzeugen? vielleicht damit:

1. abschluss in weniger als 6 jahren als computer ing. & mathematikerin
2. spezialisierung auf analytical datamind CRM systems
3. teamplayerin & networkerin im wissenschaftsbereich mit auslandserfahrung

laden sie mich ein und finden sie heraus, wie gut ich in ihr team passe und
wie sehr ich sie bei ihren aktuellen entwicklungsarbeiten unterstützen kann.

beste grüße

yvonne mortiema
mathematikerin

soft skills: klug, ambitioniert, mobil
born: 13.09.1992 / leipzig

contact: **tannenweg 5   in 91052 Erlangen**
e-mail: y.mortiema@gmail.com
mobil: 0175 4451686

bewerbung_yvonne mortiema.pdf

Zu den Bewerbungsunterlagen von Yvonne Mortiema (Informatikerin / Mathematikerin)

Anschreiben
- bei dieser Bewerbung nicht vorhanden, was aber durch den ausführlicheren E-Mail-Text ausgeglichen wird

Foto
- sympathisches Foto, gut angeschnitten (am Kopf), wirkt sehr dynamisch
- transportiert hervorragend die Power, die man beim Lesen der Daten und Aktivitäten spürt

TIPP eventuell das Format lieber quadratisch

Lebenslauf
- ein auf 2 Seiten untergebrachter Lebenslauf, der bestens ohne Deckblatt und Anschreiben aber mit einer kurzen E-Mail wunderbar ausreichend vermittelt, was die Bewerberin anzubieten hat
- übersichtliches und gut ausgearbeitetes Design, eher klassisch, aber schön gestaltet
- vorbildliche Absendergestaltung mit Berufsbezeichnung
- gute Aufteilung und kluge Abfolge der verschiedenen Abschnitte
- hoher Informationsgehalt: Interessen, Engagement, Freizeitaktivitäten

E-Mail
- kurzer, aber eindrucksvoller E-Mail-Text als Ersatz für das Anschreiben
- in der Betreffzeile eine ausgeklügelte, zunächst noch etwas kryptisch anmutende Botschaft ein Hingucker, der erst dann richtig verstanden wird, wenn man den Kurztext gelesen hat
- die konsequente Kleinschreibung ist nicht jedermanns Sache, aber bei so kurzem Text erzielt man damit schon die gewünschte Aufmerksamkeit
- mit drei Argumenten nimmt die Bewerberin den Leser für sich ein,
- optimale Botschaft: zwei Studienabschlüsse, optisch so dargestellt, dass man sie nicht übersehen kann
- außergewöhnlicher Abbinder mit einer Selbstbeschreibung (soft skills!), die schon mehr als mutig ist

TIPP gutes Beispiel für aufmerksamkeitserregende Textgestaltung

18. Lektion Zu guter Letzt: alles auf den Punkt gebracht

Sie sind »Unternehmer« und haben Ihrem Kunden, dem »Einsteller und Auftraggeber« ein wunderbares Angebot zu machen: Sie lösen seine Probleme. Jetzt geht es darum, ihn zu überzeugen, dass Sie mindestens eine Einladung, eine weitere Beschäftigung mit Ihrer Person wert sind. Spielen Sie Ihre Trümpfe gut aus, jetzt ist der Moment, in dem Sie Werbung in eigener Sache machen müssen. Überlegen Sie sich gut, was Ihre zentralen Botschaften sind, damit sich der Empfänger für Ihr Problemlösungs- und Mitarbeitsangebot interessiert. Die einfache KLP-Formel hilft: Kompetenz, Leistungsmotivation, Persönlichkeit. Wofür stehen Sie und was motiviert Sie? Was haben Sie anzubieten, und was unterscheidet Sie positiv von anderen Bewerbern? Ihre Aussagen müssen Auge, Herz und Verstand des Lesers und Entscheiders erreichen.

Lösen Ihre Unterlagen den Wunsch aus, Kontakt mit Ihnen aufzunehmen? Lassen Sie sich ggf. von einem Profi beraten, statt immer wieder nicht überzeugende, erfolglose Bewerbungen zu versenden.

YOUNG PROFESSIONALS

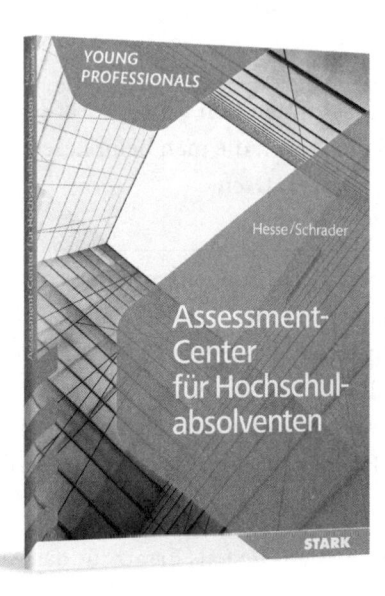

YOUNG PROFESSIONALS
Die neue Buch-Reihe von HESSE/SCHRADER für einen gelungenen Karriereauftakt junger Hochschulabsolventen

Bewerbungsunterlagen erstellen für Hochschulabsolventen

▷ Mustervorlagen zur Erstellung der eigenen Bewerbungsunterlagen

▷ Lebenslauf, Anschreiben, Foto, Anlagen wie „Dritte Seite"

▷ Initiativ- und Kurzbewerbung, E-Mail- und Onlinebewerbung

▷ alle Bewerbungsbeispiele zum Download im Online Content

136 Seiten, 21 x 29,7 cm
Broschur, mit Online Content
€ 17,95 (D) / € 18,50 (A)
Best.-Nr. E10012
ISBN 978-3-8490-2090-3

Bewerbung für Hochschulabsolventen

▷ Intensive Vorbereitung und Orientierung mit Analyse Ihrer Ausgangsposition

▷ Recherche und Kontaktaufnahme

▷ Optimieren und Zusammenstellen der Bewerbungsunterlagen

▷ Verschiedene Möglichkeiten der Online-Bewerbung

ca. 240 Seiten, 14,5 x 20,7 cm
Broschur, mit Online Content
€ 17,95 (D) / € 18,50 (A)
Best.-Nr. E10497
ISBN 978-3-8490-2094-1

Assessment-Center für Hochschulabsolventen

▷ Gezielte Vorbereitung auf das härteste Testverfahren der Arbeitswelt

▷ Wie setze ich meine Fähigkeiten ein, um bei den Assessoren zu punkten?

▷ Detaillierte Beschreibung aller Aufgabentypen

▷ Realitätsnahes Trainingsprogramm zum Üben

264 Seiten, 14,5 x 20,7 cm
Broschur
€ 17,95 (D) / € 18,50 (A)
Best.-Nr. E10306
ISBN 978-3-8490-2097-2

www.berufundkarriere.de STARK